非上場株式取引の法務・税務

スタートアップの資金調達編

Legal and Tax Aspects of Transactions involving Private Company Shares

弁護士・税理士　**小山 浩**
税理士　**間所 光洋**
弁護士　**立石 光宏**
弁護士　髙橋 悠
末長 祐
山岡 孝太　著

税務経理協会

はじめに

本書は、『非上場株式の取引の法務・税務〔相続・事業承継編〕』の続編です。「非上場株式の取引の法務・税務」というテーマで執筆を開始した当初は、相続・事業承継と併せて一冊でスタートアップ企業に関する株式等の取引も取り扱う想定でした。しかし、スタートアップ企業で用いられる株式や新株予約権・新株予約権付社債に関しては、相続・事業承継といった場面とは全く異なる考慮や検討が必要であり、一冊にまとめて解説することは、かえって読者の方の理解に支障がでるのではないか、別の書籍としてより踏み込んだ分析を提供した方が理解を促進できるのではないか、との問題意識から、相続・事業承継編と分けて、スタートアップ編として一冊にまとめました。

スタートアップ企業に関しては、日常業務に関する法務に加えて、資金調達・ファイナンス、M&Aといった場面での法務について解説した良書が数多く出版されています。他方で、スタートアップ企業の税務、特に、株式や新株予約権・新株予約権付社債の全体像を解説した書籍や、法務と税務を一体として解説した書籍は、執筆者の知る限り、見当たらないように思われます。その理由として、スタートアップ企業の株式や新株予約権・新株予約権付社債の税務については、法務ほど取扱いが確立されていないこともあって、実務上、悩ましい論点が多数あり、書籍で解説することが適切ではないという点が挙げられるのではないかと思われます。また、スタートアップ企業の法務・税務の実務は動きが早いこともあり、スタートアップに携わる関係者は、書籍からというよりも、インターネット上のウェブサイトや関連セミナー等から情報を入手することが多いことも挙げられるように思われます。実際に、ストックオプションに係る税務は、近時において法令や通達の改正が矢継ぎ早に行われており、実務が大きく変わることが想定されています。

上記も踏まえて、本書では、『非上場株式の取引の法務・税務〔相続・事業承継編〕』と同様、法務と税務の両面から解説することのほか、以下の点を心掛けました。

① スタートアップ企業の株式や新株予約権・新株予約権付社債について、法務・税務の一体的な理解に資するように全体像を示すこと
② 実務上の取扱いが確立されていない点にも触れて、筆者なりの考え方を提示すること
③ 法務については、利害関係者の視点によって評価が分かれ得るような論点に関しても、表層的な記述に留まらず、より踏み込んだ分析を行うこと
④ 税務については、Web記事ではなく、書籍という特性上、結論だけではなく、税法のロジックも記述すること

具体的な本書の構成として、序章では、スタートアップ企業の資金調達について通常の中小企業との比較で説明して特徴を明確にした上、第１部において種類株式の取引、第２部において新株予約権・新株予約権付社債の取引について、それぞれ法務・税務の観点から解説しています。冒頭に述べたとおり本書は相続・事業承継編とは異なる場面を取り扱っておりますが、相互に関連する部分もございますので、相続・事業承継編と合わせてお読みいただくことで、非上場株式に関する法務・税務の実務をより深く理解することができると考えています。

スタートアップ企業の資金調達などに関し、法務・税務上の取扱いが確立し、スタートアップ企業の経営者や投資家が法的・税務的に安定し、予測可能性のある取引を実行できることがスタートアップ企業の育成・発展に寄与すると信じております。本書がその一助になれば幸いです。

本書の執筆に当たり、細心の注意を払ったつもりですが、もしお気づきの点があれば、ご指摘いただきたいと考えております。最後に、本書の企画・

構成に至るまで的確かつ有益なアドバイスを頂いた税務経理協会の吉冨智子様、校正作業などにご協力いただいた田中里実さん、細谷恵理香さんに、この場を借りて、御礼申し上げます。

なお、本書に記載されている見解は、筆者らの個人的な見解であって、筆者らの所属する法律事務所や過去に所属した組織の見解ではないことを付言致します。

令和６年２月

森・濱田松本法律事務所
パートナー弁護士・税理士　小山　　浩
パートナー税理士　間所　光洋
パートナー弁護士　立石　光宏

Contents

第2部
スタートアップ企業における新株予約権等の取引

凡例

本文中で使用している法令等の略語は、以下のとおりです。

法令及び通達等	略語表記
会社法施行規則	会社規
会社計算規則	会社計規
金融商品取引法	金商法
金融商品取引法施行令	金商法施行令／金商令
発行者以外の者による株券等の公開買付けの開示に関する内閣府令	他者株買付府令
企業内容等の開示に関する内閣府令	開示府令
法人税法	法法
法人税法施行令	法令
法人税基本通達	法基通
所得税法	所法
所得税法施行令	所令
所得税基本通達	所基通
租税特別措置法	措法
租税特別措置法施行令	措令
租税特別措置法施行規則	措規
租税特別措置法関係通達	措規通
相続税法	相法
財産評価基本通達	財基通
連結納税基本通達	連基通
民事執行法	民執

【例】会社法第461条第１項第６号⇒会社法461①六

なお、本文中で登場する「第一分冊」とは、シリーズ書籍である下記の書籍を指します。

小山浩・間所光洋編著　髙橋悠・飯島隆博・末長祐・山岡孝太著

『非上場株式取引の法務・税務〔相続・事業承継 編〕』（税務経理協会、2023年）228頁

判例集・雑誌等の略称

略称	正式名称
民集（刑集）	大審院民事（刑事）判例集 最高裁判所民事（刑事）判例集
下民	下級裁判所民事裁判例集
税資	税務訴訟資料
判時	判例時報
判自	判例地方自治
判タ	判例タイムズ
ジュリ	ジュリスト
金判	金融商事判例
金法	金融法務事情
税大論叢	税務大学校論叢
訟月	訟務月報

書籍の略称

略称	正式名称
江頭	江頭憲治郎『株式会社法（第８版）』（有斐閣、令和３年）
コンメ	江頭憲治郎＝森本滋編集代表『会社法コンメンタール（全22巻＋補巻１巻）』（商事法務）
宍戸＝VLF	宍戸善一＝ベンチャー・ロー・フォーラム（VLF）編『スタートアップ投資契約 モデル契約と解説』（商事法務、令和２年）
田中	田中亘『会社法（第４版）』（東京大学出版会、令和５年）
田中＝MHM	田中亘＝森・濱田松本法律事務所『会社・株主間契約の理論と実務』（有斐閣、令和３年）
論点解説	相澤哲ほか『論点解説 新・会社法 千問の道標』（商事法務、平成18年）
第一分冊	小山浩＝間所光洋編『非上場株式取引の法務・税務（相続・事業承継編）』（税務経理協会、令和５年）

序

スタートアップ企業の資金調達の特徴

本書で取り扱うスタートアップ企業　01

本書では、「スタートアップ企業」で用いられる株式や新株予約権等の取引の法務・税務の取扱いについて解説する。「スタートアップ企業」(「ベンチャー」や「ベンチャー企業」とも呼ばれ、本書では同様の意味で用いる）という用語は多義的であるが、米国のシリコンバレーで最も著名なアクセラレータ（スタートアップ企業の支援組織）であるY Combinatorの創設者Paul Graham氏は、「スタートアップは急成長を志向する組織である」と定義した(1)。

本書で取り扱うスタートアップ企業が、非上場の一般的な中小企業から区別される要素は、次の２つである。

① 新規性のある技術やビジネスモデルにより事業の急速な成長を志向し、資金ニーズが高いこと
② 上記のビジネスモデルにより、株式や新株予約権といったエクイティ性の資金調達手法を中心に、特有の資金調達や資本政策の戦略をとること

以下では、本書の内容との前提として、スタートアップ企業と伝統的な中小企業の違いを説明する。

---

(1) http://www.paulgraham.com/growth.html

スタートアップ企業のビジネスモデル　02

スタートアップ企業と伝統的な中小企業ではビジネスモデルが異なる。伝統的な中小企業は、例えば街の飲食店や、いわゆるIT企業であっても大企業の下請けとして、継続的なソフトウェア開発・保守業務を行う事業者など、既存のビジネスモデルが確立した分野における事業活動を営む事業者が想定される。これらの事業者は、徐々に規模を拡大することで、線形的に成長する事業計画を想定し、これに伴って採用や人事労務、給与等も設計される。市場の既存ニーズに対応して事業を展開することから、初期的な投資を行った段階においても、ある程度、顧客に対する売上を計上することもできる。また、売上を増加させるための設備投資や人的資本の投資は、売上の状況等を勘案しつつ安定的に実施されることから、ビジネスモデルとしては投資と成長が比例的な関係にあるモデルとなる。

これに対して、いわゆるスタートアップ企業は、市場のニーズが十分に顕在化していない分野等において事業活動を行うことが想定される。ITを用いた新たなビジネスの創出や、大企業では資金を振り向けることが難しい新規性のある創薬・バイオ領域での活動等、創業者やチームが持ち合わせる革新的なアイデアや技術、販路等をもとに、製品・サービスを作り上げ、マーケットでのプレゼンスを一気に高めることを志向する。場合によっては、新たなマーケットを創出することもある。

このように新規性のあるモデルを志向するため、スタートアップ企業は、事業立上げの初期には大きな赤字を計上し、市場に製品やサービスを投入できずに売上が十分に立たない期間が長く続くことが多い。東京証券取引所をはじめとした証券取引所（金融商品取引所）にその株式を上場させる時点においても、経常利益は赤字であるという場合も珍しくない（いわゆる赤字上場(2)）。このように、スタートアップ企業は一時的に赤字を計上するものの、その後短期間で大きく売上げを伸ばして収益化する段階を迎えるモデルが描かれる。このような事業計画のイメージは、模式的には、時間軸に照らして「J」のような形を描くためいわゆる「Jカーブ」とも呼ばれ（次のページの図参照）、投資と成長が比例的な関係ではなく指数関数を描くモデルとなる。

特に、投資額が大きい自動運転や航空宇宙領域といった高度な自然科学の知見に基づく技術、いわゆる「ディープテック」分野のスタートアップ企業であれば、技術開発や人材に対する投資額は大きく、経常利益が赤字である時期は長期にわたる（Jカーブが「深く」なる）。

スタートアップ企業の特徴と中小企業との比較

	スタートアップ企業	中小企業
事業活動分野	需要が十分に顕在化していない分野等における事業活動	既存のビジネスモデルが確立した分野における事業活動
事業計画	一時的に赤字を計上し、その後収益化する段階において短期間で大きく売上げを伸ばす（いわゆる「Jカーブ」）	徐々に規模を拡大することで、線形的に成長
資金調達	出資（金融機関の融資困難）	融資（・出資）
出口	上場かM&Aを想定	上場かM&Aを必ずしも想定せず

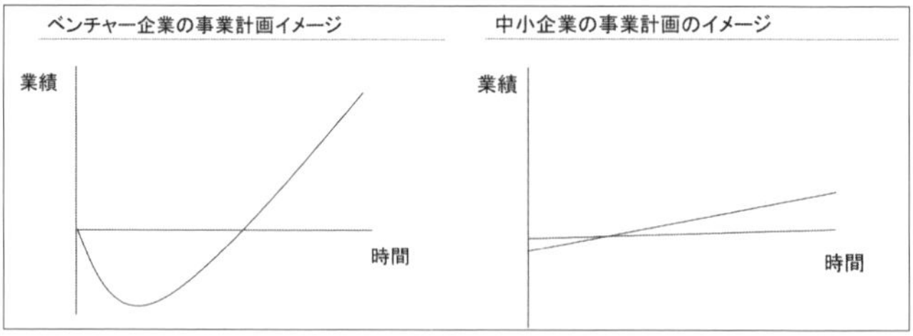

ベンチャー企業の事業計画イメージ
業績
時間

中小企業の事業計画のイメージ
業績
時間

経済産業省「事業会社と研究開発型ベンチャー企業の連携のための手引き（第二版）」

(2) スタートアップ企業の多くがその株式を上場させる東京証券取引所グロース市場（2022年4月4日以前はマザーズ）は、上場基準において赤字上場が認められているが、帝国データバンクの調査によれば、2022年にグロース市場（2022年4月4日以前はマザーズ）に上場した70社のうち、経常損益が赤字の企業が23社（32.9%）であったとのことである（https://www.tdb.co.jp/report/watching/press/p221217.html）。

スタートアップ企業の資金調達・資本政策　03

上記のようなビジネスモデルを志向するにあたって、スタートアップ企業は、研究開発、製品やサービスの試作モデル（プロトタイプ）の開発、市場への投入、販路の拡大、製品やサービスの更新といったフェーズごとに、強い資金ニーズを持つ。このような資金ニーズを、創業者やその親族・友人等のごく近しい個人のみで賄うことは通常は困難となる。そのため、必然的に外部の者から資金を調達することになる。これは金融機関からの借入れによって達成することも一応考えられる。しかし、研究・開発等の途上であって商品・製品・サービスを市場に展開するにはまだ相当の期間が必要であるとか、サービスや製品が市場に投入されていたとしても売上・利益が十分に上がっていない場合には、多額の資金を継続的に借入れによって調達することは困難となる⑶。そのため、スタートアップ企業の多くは、主として株式を発行することにより資金調達を行うことになる。

この資金の拠出者となる外部の者が、いわゆるエンジェル投資家や、ベンチャー・キャピタル（VC）に代表される投資家である。近時は、特に一定の成長を果たしたスタートアップ企業に対して、事業会社が業務提携とあわせて出資や投資を行う例も一般的になっている。

そのため、スタートアップ企業の株主は、主として、創業当初からの株主である創業者・経営者と、いわゆるエンジェル投資家や、VC、事業会社等の外部投資家で構成されることになる。スタートアップ企業は、必要な資金調達を行うため株式の発行を繰り返す結果､株主の数も順次増すことになり、100名を超えることも稀ではない。

このような、スタートアップ企業が発行する株式（普通株式や、いわゆる優先株式からなる種類株式を含む）については、経済条件や、株主が多数に

⑶　特に初期のスタートアップ企業が活用しやすい融資としては、信用保証協会を利用した金融機関からの融資や、日本政策金融公庫が提供するスタートアップ企業向け融資が存在する。このほか、いわゆる「ベンチャーデット」として、スタートアップ企業向けの融資を行う金融機関の例も出てきている。本書では、スタートアップ企業の株式や新株予約権といった「エクイティ」に着目し、詳細には立ち入らない。

及ぶことに伴う契約内容等における一定の特徴が見受けられる。これらの詳細について、**第2部**で取り扱う。

さらに、スタートアップ企業は、調達した資金をビジネスモデルの構築・発展に振り向けるため、通常、役職員に対して多額の報酬を金銭で支払うことは困難である。他方で、スタートアップ企業が研究開発を行うためには人材の獲得が重要となる。スタートアップ企業や起業家個人のビジョンにより人材を引き付けることのみならず、ビジネスモデルが成功した時のリターン（パイ）を十分に配分することを約束することによって、インセンティブを確保することも必要となる。そのため、資金を振り向けずに人材のインセンティブを確保する目的で、スタートアップ企業の企業価値（株式価値）が上昇した場合に役職員が利益を得られることとなる、いわゆる「ストックオプション」を報酬として付与することが考えられる。これにより、スタートアップ企業の人事労務戦略と資本政策は不可分一体のものとなる。ストックオプションは、法形式としては、株式を取得する権利である新株予約権として付与される。スタートアップ企業は、このようなインセンティブ設計をとることから、株主に加えて、役職員を中心とする新株予約権の保有者、すなわち潜在的な株主が相当数存在することとなる。このようなスタートアップ企業が活用するストックオプションとしての新株予約権の特徴について、**第2部第2章**で取り扱う。なお、非上場のスタートアップ企業が発行するストックオプションに関する税務上の解釈・取扱いや、それを受けた実務上の対応は、スタートアップ企業支援という時代の流れもあり、大きく変容しつつある。

また、新株予約権は、株式による資金調達を補完する手段として、資金調達の文脈で活用されつつある。伝統的には、スタートアップ企業に限らない「つなぎ融資」としても馴染みがあった、新株予約権付社債（コンバーティブル・ノートやコンバーティブル・ボンドと呼ばれることもある）において、満期に社債を償還する代わりに株式の交付を受ける（株式に「転換」する）ような形で、新株予約権を活用する例が見られた。

このような新株予約権付社債に加えて、近時は、主にシード期（スタートアップ企業の初期段階）において、株式ではないエクイティ性の資金調達手法として、いわゆる「コンバーティブル・エクイティ」としての新株予約権の活用も一般的になってきた。新株予約権は、新株予約権付社債と異なり、負債ではないため、法的に返済義務を負わない（株式に近い、まさにエクイティ）。この場合には、新株予約権を行使して株式に転換するタイミングではなく、新株予約権そのものを発行するタイミングで、一定の規模の資金をスタートアップ企業に払い込む形で資金調達・資金提供が行われるため、ストックオプションとしての新株予約権や、新株予約権付社債に付された新株予約権とは、設計そのものが異なることから、十分に理解したうえで活用する必要がある。このようなスタートアップ企業が活用する資金調達手法としての新株予約権の特徴について、**第2部**第1章で取り扱う。

スタートアップ企業の資本構成のイメージ

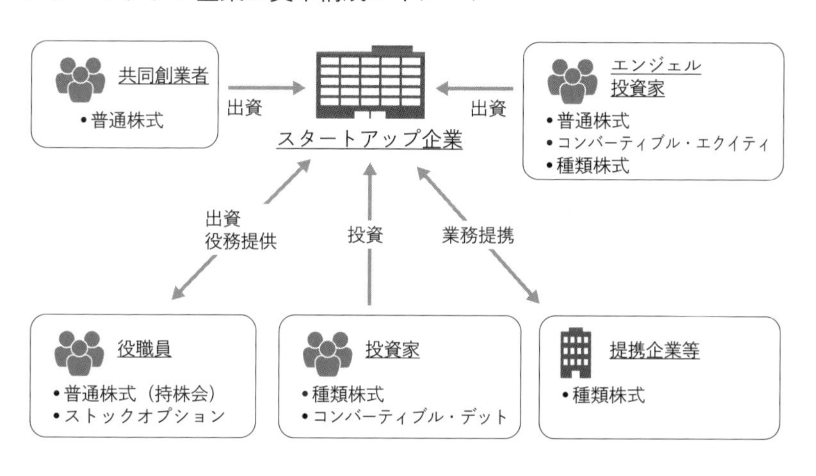

なお、スタートアップ企業のビジネスモデルがこれまで記載したような特徴を有しており、これらの特徴にあった資金調達の手法やインセンティブ報酬の設計がなされることに伴い、資金提供者である投資家や、インセンティ

ブ報酬を受領した役職員は、取得した株式や新株予約権を換金することによって金銭的なリターンを得ることになる。スタートアップ企業に売上が生じてキャッシュを稼得し始めた場合でも、そのキャッシュはスタートアップ企業の成長に振り向けて再投資を行う必要がある。そのため、スタートアップ企業の株式を保有していても、上場株式に対する投資と異なって、配当に対する期待を持つことは想定されていない。そのため、スタートアップ企業の株式や新株予約権は、「出口」としての換金、具体的には証券取引所（金融商品取引所）への上場（株式公開、IPO）や、他社からの株式買収（M&A）の方法による現金化を想定した仕組みとなる。このような「出口」を想定した設計とされることが、スタートアップ企業の株式や新株予約権の大きな特徴の一つであり、これらの具体的な設計について**第１部や第２部**の該当部分で取り扱う。

第1部
スタートアップ企業における種類株式の取引

第1章
種類株式の発行

法務上のポイント　01

1　概要

スタートアップ企業が資金調達を行う場合、一般的には、金融機関から借入れを行うという方法は選択されない。スタートアップ企業には、担保として提供できる資産が十分にないこと、生じた利益は返済に充てるのではなく、成長のための資金に費やすことが望ましいと考えられていることなどが理由である（近年利用が広がっているベンチャーデットについては、下記**第2部第1章01の5**を参照されたい）。そこで、スタートアップ企業が、まとまった資金を調達したいと考えた場合には、通常、借入れではなく、株式による資金調達を行うことが選択される。

スタートアップ企業投資・資金調達の場面では、種類株式の利用が定着しつつある。その理由は、主に次の2点である(4)。

第1に、ハイリスク・ハイリターンなスタートアップ企業投資において、投資家の権利保護が図られる点である。投資家は、種類株式を利用することで、創業者などが取得・保有する普通株式(5)とは異なり、高いリスクに見合った優先的な内容の株式を取得することができる。経済的に優先的な内容がある株式として、残余財産の分配に関する優先株式（下記3(1)）、取得請求権付種類株式（同(2)）などが発行される。取得条項付種類株式（同(3)）も、取得事由によっては、これに分類できる。

また、種類株式を利用することで、投資先のスタートアップ企業に対して、持株比率以上の影響力の行使（経営に対する関与・モニタリング）を行うこ

---

(4)　種類株式を用いることのメリットとして、経済産業省「未上場企業が発行する種類株式に関する研究会報告書」（平成23年11月）11頁、12頁を参照。

(5)　会社法107条や108条に基づく定めを何も置かないような場合に、会社法がその内容を自動的に定めてくれる株式をいう。普通株式のみを発行している会社が優先株式を発行する場合、実務上は、従前の株式を普通株式と呼ぶことが多い。会社法上は、普通株式も優先株式も、いずれも種類株式と整理される。

とも可能となる。拒否権付種類株式（下記3(4)）や、役員選任権付種類株式（同(5)）などがこれに当たる。

第2に、スタートアップ企業は、種類株式の発行価額を普通株式の時価よりも高くすることができ、多額の資金調達をすることが容易になる点である。スタートアップ企業は、（とりわけ経済的権利に関する）優先株式を投資家に発行することで、当該株式の1株当たりの経済的価値を高く設定することが可能になる。税務上も、普通株式と他の優先株式の経済的価値が異なるという考え方が肯定されている（種類株式を発行する場合の税務上のポイントについては、下記02の1を参照されたい。また、税制適格ストックオプションの権利行使価額を設定するに際して、純資産価額方式により普通株式に係る純資産価額を算定するにあたり、優先株式に分配される純資産価額を控除することができるものとされている点については、下記**第2部**第2章03の2(2)①イ(d)(ii)(ロ)を参照されたい）。その結果、スタートアップ企業は、必要な額の資金を、より少ない数の株式を発行することで調達することが可能となる。また、これにより、創業者の議決権が希薄化することも抑えることができる。

以下、スタートアップ企業が種類株式を発行することにより資金調達をする場合における法務上のポイントについて解説する。

2　会社法の下で発行可能な種類株式

株主の中には、剰余金の配当などの経済的利益の獲得に強い関心を持つ者もいれば、会社を経営支配することに強い関心を持つ者もいる。会社法は、こうした多様なニーズがあり得ることに配慮して、一定の事項について、内容が異なる2以上の種類の株式（種類株式）を発行することを認めている（会社法108。株主平等の原則の修正）。2以上の種類の株式を発行する会社を、種類株式発行会社という（会社法2十三）。

種類株式として定めることができる種類の内容は、下表のとおりである。

種類株式として発行できるのは、会社法108条１項各号が規定するもののみである(6)。

種類株式の類型

項目	内容
①　剰余金の配当	剰余金の配当につき異なる定め
②　残余財産の分配	残余財産の分配につき異なる定め
③　議決権制限株式	株主総会において議決権を行使することができる事項につき異なる定め
④　譲渡制限株式	譲渡による当該種類の株式の取得について当該株式会社の承認を要することの定め
⑤　取得請求権付株式	当該種類の株式について、株主が当該株式会社に対してその取得を請求することができることの定め
⑥　取得条項付株式	当該種類の株式について、当該株式会社が一定の事由が生じたことを条件としてこれを取得することができることの定め
⑦　全部取得条項付種類株式	当該種類の株式について、当該株式会社が株主総会の決議によってその全部を取得することの定め
⑧　拒否権付種類株式	株主総会又は取締役会の決議すべき事項のうち、当該決議のほか、当該種類の株式の種類株主を構成員とする種類株主総会の決議があることを必要とすることの定め
⑨　取締役・監査役の選任に関する種類株式	当該種類の株式の種類株主を構成員とする種類株主総会において取締役又は監査役を選任することの定め

なお、会社は、定款に定めることにより、全ての株式の内容について特別

(6)　但し、公開会社（会社法２五）及び指名委員会等設置会社（会社法２十二）は、取締役・監査役の選任に関する種類株式（上表⑨）を発行することはできない（会社法108①但書）。

の定めを設けることも可能である（会社法107①)。但し、1種類の株式のみを発行している会社でも定めることができるのは、譲渡制限株式（④)、取得請求権付株式（⑤）及び取得条項付株式（⑥）に限られる。

3　スタートアップ企業において用いられる種類株式

種類株式のうち、スタートアップ企業に対する投資の場面における代表的なものは、以下のとおりである（上記1も参照)。なお、スタートアップ企業が発行する株式は、通常は、譲渡制限株式である。

投資家の経済的利益に関する種類の内容	①　残余財産の分配(7) ②　取得請求権 ③　取得条項
会社の支配に関する種類の内容	①　拒否権 ②　役員選任権

以下、これらの代表的な種類株式の内容について、概説する(8)。

(7)　なお、スタートアップ企業は、配当する原資があれば、事業拡大のために研究開発等に投資することが通常であり、配当することを想定していないため、剰余金の配当に関する優先株式が発行される事例は必ずしも多くなく、剰余金の配当に関する優先株式が発行されたとしても、それは象徴的な意味合いで、又は剰余金の配当を抑止することを主眼として規定されるものであって、必ずしも剰余金の配当が行われることが前提とされているわけではないことが一般的である。他方で、残余財産の分配の優先については、多くのスタートアップ企業の種類株式の内容となっている。

(8)　スタートアップ企業が種類株式（優先株式）を発行する場合の発行要項（優先株式の内容を定めたもの）のモデル条項については、宍戸＝VLF 32頁以下〔飯田秀総ほか〕も参照。

(1) 残余財産の分配に関する優先株式

❶ 残余財産の分配に関する優先株式の内容

株式会社は、残余財産の分配について内容の異なる株式を発行することができる（会社法108①二）。残余財産の分配とは、会社を清算した場合に債務を弁済してなお残る財産（残余財産）を、株主に対して分配することである。

実務上よく発行されるのは、他の株式に先んじて残余財産の分配を受けられる株式（優先株式）である。例えば、普通株式とは別に、残余財産の分配に関する優先株式を発行することとし、優先株式は１株につき100円だけ、普通株式に先んじて残余財産の分配を受けることができるといった金額を定めることがある。投資家の交渉力が強い場合には、払込金額の２倍又は３倍という優先額を定めたりすることもある。

残余財産の分配に関する優先株式を発行する場合、原則として、定款で、残余財産の価額の決定の方法、当該残余財産の種類その他残余財産の分配に関する取扱いの内容を規定する必要がある（会社法108②二）。

残余財産の分配に関する優先株式には、参加型・非参加型の区別がある。参加型とは、優先株主が定款所定の優先残余財産の分配を受けた後、普通株主が残余財産の分配を受ける際に、優先株主も、同時に残余財産の分配を追加で受けられるものである。非参加型とは、普通株主が残余財産の分配を受ける際に、優先株主が、追加で残余財産の分配を受けることができないものである。

日本のスタートアップ企業投資における残余財産の分配に関する優先権は、参加型の設計が多いとされる。また、残余財産の分配に係る各優先株式間の優劣関係については、後に発行される種類株式が優先すると定められる例が多いとされる(9)。

残余財産の分配に関する優先株式（参加型）を定める場合の条項例は、次のとおりである(10)(11)。

（残余財産の分配）

第○条　当社は、残余財産の分配をする場合、A種優先株主又はA種優先登録株式質権者に対し、普通株主又は普通登録株式質権者に先立ち、A種優先株式１株当たり、次項に規定するA種払込金額に相当する額を分配する。当社が残余財産を分配する時点でのA種払込金額にA種優先株式の発行済株式数（ある種類の株式について発行済の当該種類の株式の総数から当社が保有する当該種類の株式の数を除いた数をいう。以下同じ。）を乗じた金額が残余財産の総額を超える場合、本条に基づきA種優先株式１株につき支払われるべき残余財産の分配額は、残余財産の総額をA種優先株式の発行済株式数で除した額（１円未満の端数は切り捨てる。）とする。

2　A種払込金額は以下のとおりとする。

①　A種払込金額は、当初○円とする。

②　当社がA種優先株式につき株式の分割若しくは併合又は株式無償割当て（以下「株式分割等」という。）を行う場合、以下の算式によりA種払込金額を調整する。なお、調整の結果、１円未満の端数が生じた場合、小数第１位を四捨五入する。

---

(9)　宍戸＝VLF 41頁〔飯田秀総ほか〕。参加型・非参加型の別が、Exit 手段等の意思決定に与える影響に関しては、同書41頁及び宍戸善一ほか「座談会・スタートアップ投資をめぐる法的諸問題」ジュリ1576号（令和４年）29～30頁〔水島淳発言〕。

(10)　実務上は、種類株式の内容を、定款の本文ではなく、定款の別紙に規定することも多い。定款の本文に種類株式の内容を記載すると、株主総会議事録に添付する種類株式の発行要項（なお、発行要項の添付は会社法上の要請ではない）や登記申請書を作成する際に、条文番号の調整を行うなどの追加作業が発生する。発行要項を定款の別紙に添付することで、そうした追加作業の手間を削減できるためである。

(11)　スタートアップ企業は、複数回に分けて資金調達を行うことが一般的であり、各回の資金調達の局面を「ラウンド」という。一般的には、その資金調達ラウンドごとに、シリーズAラウンド、シリーズBラウンド、シリーズCラウンドなどと名付けられ、シリーズAラウンドで発行される株式は「A種優先株式」、シリーズBラウンドで発行される株式は「B種優先株式」……などと名称が付される。いずれも法律上の呼称ではない。

$$\text{調整後のA種払込金額} = \text{調整前のA種払込金額} \times \frac{\text{株式分割等前のA種優先株式の発行済株式数}}{\text{株式分割等後のA種優先株式の発行済株式数}}$$

調整後のA種払込金額は、株式の分割を行う場合は当該株式の分割のための基準日の翌日以降、株式の併合又は株式無償割当てを行う場合は当該株式の併合又は株式無償割当ての効力発生日（当該株式の併合又は株式無償割当てにかかる基準日を定めた場合は当該基準日の翌日）以降これを適用する。

③　その他上記②に類する事由が発生した場合は、A種払込金額は、取締役会決議により適切に調整される。

3　A種優先株主又はA種優先登録株式質権者に対して、第１項に従い残余財産の分配をした後になお残余財産がある場合、当社はA種優先株主又はA種優先登録株式質権者に対し、普通株主及び普通登録株式質権者と同順位にて、A種優先株式１株につき、普通株式１株当たりの残余財産分配額にA種転換比率を乗じた額の残余財産の分配をする。

❷　残余財産の分配に関する優先株式が利用される理由

スタートアップ企業が（とりわけ経済的権利に関する）優先株式を投資家に発行することで、当該株式の１株当たりの経済的価値を高く設定することが可能になるのは、上記１のとおりであり、これが残余財産の分配に関する優先株式が利用される理由の一つである。

但し、通常、スタートアップ企業の清算時に多額の残余財産があることはほぼ期待できないから、残余財産の分配に際して優先的な取扱いを得られる

⑿　保坂雄＝小川周哉「種類株式を利用したスタートアップファイナンス」商事法務2126号（平成29年）49頁の調査によれば、スタートアップ企業投資に際して種類株式が利用された会社のうち、残余財産の分配に関する優先株式を用いているのは約97％であるとのことである。

ことは、それだけでは投資家にとってあまり意味があることとは言えない。それでも、残余財産の分配に関する優先株式が、多くのスタートアップ企業投資の事例において用いられているのは、いわゆるみなし清算条項と組み合わせることで、M&AによるExit（投資回収）の場面において、優先株主が普通株主よりも優先的にその対価を受けられるように設計するためである⑿。

M&Aは、IPOと並ぶ、スタートアップ企業の重要なExit手段である。もっとも、Exit手段として、株式譲渡や組織再編といったM&Aが選択された場合、株主に対して残余財産の分配は行われない（合併につき、会社法475一・471四参照)。そのため、定款上、残余財産の分配に関する優先株式の定めを置いていたとしても、それだけでは、優先株主（投資家）は、１株当たり、普通株主と同額の対価しか受けることができない。

また、こうした利益構造のもとでは、優先株主が、M&AによるExitを拒絶するインセンティブを有してしまう。他方で、普通株主にとっては、M&Aによる方が自らに支払われる金額が多くなり得る。そうすると、普通株主は、M&AによるExitを選択することで、意図的に、優先株主が優先的に対価の支払を受ける事態を回避するインセンティブを有することとなる（利益相反構造の存在)。

そこで、M&Aが行われた場合に、当該優先株主が、あたかも会社の清算

⒀　M&Aの対価の分配は、「残余財産の分配」（会社法108①二）には当たらないため、M&Aの対価の優先分配を、直接に種類株式の内容とすることはできない（宍戸善一＝ベンチャー・ロー・フォーラム（VLF）編『ベンチャー企業の法務・財務戦略』－277頁〔棚橋元＝林宏和〕（商事法務、平成22年）等)。上記の定めも、種類株式の内容に関する定め（会社法108②）ではなく、定款の任意的記載事項（会社法29）として有効であることを前提に規定しているが、このような定款の定めの有効性については議論があるところである。実務上は、このような懸念も踏まえて、株主間契約においても、みなし清算条項を定めることが多いものと思われる。みなし清算条項を定款に定めることの有効性及びその意義に関する議論については、宍戸＝VLF 80頁〔飯田秀総ほか〕・193頁以下〔松中学ほか〕、野澤大和「みなし清算条項を定款に定めることの有効性」後藤元編『実務問答会社法』（商事法務、令和４年）２頁以下、田中＝MHM 383頁以下〔松尾健一〕等を参照。

が行われて優先的に残余財産の分配を受けた場合と同じように、優先的にM&Aの対価の分配を受けることができるように設計される。実務上、このような仕組みをみなし清算と呼ぶ。

定款において、みなし清算に関する規定を定める場合の条項例は、次のとおりである⒀。

（みなし清算）
第○条　当社は、当社が消滅会社となる吸収合併若しくは新設合併、又は当社が完全子会社となる株式交換若しくは共同株式移転（以下「合併等」という。）をするときは、普通株主又は普通登録株式質権者に先立ち、A種優先株主又はA種優先登録株式質権者に対し、A種優先株式１株につきその時点での第○条（残余財産の分配）第１項に定めるA種優先残余財産分配額に相当する額の存続会社、新設会社又は完全親会社の株式及び金銭その他の財産（以下「割当株式等」という。）が割り当てられるようにする。
2　A種優先株主又はA種優先登録株式質権者に対して、前項に従い割当株式等の割当てをした後に、なお当社の株主に割り当てられる割当株式等がある場合には、当会社は、A種優先株主又はA種優先登録株式質権者に対し、普通株主及び普通登録株式質権者と同順位にて、A種優先株式１株につき、普通株式１株当たり割り当てられる割当株式等の額にA種転換比率を乗じた額に相当する額の割当株式等の割当てをする。
3　当社は、当社の総株主の議決権の過半数が第三者に対して譲渡される場合又は当社が株式交付子会社となる株式交付をする場合は、当社の各種類の株式の株主に対して、第○条（残余財産の分配）の定めを適用した場合に、各種類の株式の株主が分配を受けるべき残余財産の分配額に相当する当該取引の対価が割り当てられるようにするものとする。なお、本項の適用において、当該取引における対価の合計額（対価が金銭以外の財産である場合には、当該財産の公正価額として当社の取締役会の決議により合理的に定められる額）を残余財産の額とみなし、また、上記対価を取得する当社の各種類の株式の株主を当社の全株主とみなすものとする。

例えば、あるスタートアップ企業Xに、A（創業者。保有株式：普通株式8,000株）、B（エンジェル投資家。同：普通株式500株）及びC（投資ファンド。同：A種優先株式1,500株）という3名の株主がいるとする。

【企業Xの株主構成】

	保有する普通株式	保有する優先株式
創業者A	8,000株	0株
エンジェル投資家B	500株	0株
投資ファンドC	0株	1,500株

そして、別の企業（買収者）が、企業Xを買収するために、自らを存続会社、企業Xを消滅会社とする吸収合併を行うというケースを考える。買収者は、吸収合併の対価として買収者株式（合計10億円相当）を選択したため、企業Xの株主は、買収者から、自らが保有する株式の対価として、それぞれ買収者の株式の交付を受けることとなる。

みなし清算条項が規定されていない場合、発行済株式総数にしたがって合併対価が交付されるため、企業Xの各株主に交付される買収者の株式は、Aが8億円相当分の株式、Bが5,000万円相当分の株式、Cが1億5,000万円相当分の株式である。Cは優先株式を保有しているが、AやBと同様に、その保有株式数に応じて対価の支払を受けることができるにとどまる。

これに対して、みなし清算条項が規定されている場合、Cは、AやBに優先して対価の支払を受けることができる。上記❶記載の残余財産の分配（参加型）に関する条項例において、「A種払込金額」が10万円と設定されていた場合には、まず、Cは1億5,000万円（＝1,500株×10万円）を優先的に回収することができる。そのうえで、各株主は、その保有株式数に応じて、合併対価の残額8億5,000万円を割り当てることとなる。具体的には、Aは6億

8,000万円（＝８億5,000万円×8,000株÷１万株)、Bは4,250万円（＝８億5,000万円×500株÷１万株)、Cは、上記の１億5,000万円とは別に、さらに１億2,750万円（＝８億5,000万円×1,500株÷１万株）の支払を受けることとなる。これにより、Cは、合併のタイミングにおいて、投資額１億5,000万円（10万円×1,500株）を回収し、１億2,750万円のアップサイドの利益を上げたことになる。

なお、みなし清算条項に関する課税関係に関しては、下記Q2・2を参照されたい。

【合併による利益配分】

	みなし清算条項がない場合	みなし清算条項がある場合
創業者A	８億円相当	６億8,000万円相当
エンジェル投資家B	5,000万円相当	4,250万円相当
投資ファンドC	１億5,000万円相当	２億7,750万円相当

COLUMN　みなし優先株式

シード期のスタートアップ企業においては、本文で概説したような残余財産の分配に係る優先株式は使いにくい。このような優先株式の発行に際して、定款変更などの法律上の手続的な負担のみならず（下記4、5)、優先株式の株価（バリュエーション）の決定や、優先株式の内容に関する交渉・設計が必要となることなどが主な理由である。

そこで、シード期のスタートアップ企業においては、優先株式の代わりに、普通株式を発行するとともに、総株主の間で、次の資金調達ラウンドにおいて、予め定められた条件にしたがって優先株式に転換することができる旨の契約が締結されることがある。ここで発行される普通株式は、将来、契約にしたがって優先株式に転換されることとなるので、実務上、みなし優先株式と呼ばれる。みなし優先株式は、総株主の間の契約（株主全員との合意）があれば、既存株式の内容を変更することができることを利用したものである（下記6参照)。普通株式（みなし優先株式）を優先株式に転換する条項例は、次のとおりである。

（優先株式への転換）
第○条　発行会社が株式、新株予約権又は新株予約権付社債（以下「株式等」という。）による資金調達を行うことになった場合には、発行会社はみなし優先株主に対して、(i)発行する株式等の種類と内容、(ii)株価又は新株予約権の行使価額等、(iii)投資契約その他出資者と締結する契約案について速やかに通知するものとする。
2　発行会社が適格資金調達(14)を行うこととなった場合、みなし優先株式を、適格資金調達において発行される優先株式と同一の内容の種類の優先株式（以下「転換対象優先株式」という。）に転換する。但し、

「同一の内容」とは、優先的な配当金額や残余財産の分配金額等当該株式の払込金額と連動することが合理的な金額については、みなし優先株式の払込金額を基礎とした合理的な金額（但し、主要みなし優先株主(15)が承認する金額とする。）とし、優劣に関しては、転換対象優先株式(16)と適格資金調達において発行される優先株式とは同順位とする。本合意書の当事者は、当該転換に必要なあらゆる手続を行うものとする。

3　株式等による資金調達が、第○条第○号の要件を満たさない場合であっても、主要みなし優先株主が発行会社に対し要求した場合には、前項と同様の転換を行うものとする。本合意書の当事者は、当該転換に必要なあらゆる手続を行うものとする。

4　第２項又は第３項に基づき普通株式１株につき転換される転換対象優先株式は１株とする。

5　主要みなし優先株主と発行会社が合意した場合、(i)みなし優先株式全部の転換に替えて一部の株式の転換とすること若しくは転換を行わないこと、(ii)普通株式１株につき転換する転換対象優先株式の数を変更すること、又は(iii)転換対象優先株式に替えて転換対象優先株式の内容と異なる優先株式に転換すること、その他必要な合理的調整を行うことができる。

みなし優先株式の主なメリットは、その発行時に、定款変更手続や、優先株式の内容に関する交渉・設計などの手続を行わなくて済むという点である（発行されるのは普通株式であるため）。

他方で、デメリットは、優先株式を発行する場合と同様に、発行する普通

(14)　一定の規模以上の資金調達などと定義される。

(15)　みなし優先株式の議決権の過半数を有する株主（複数名で過半数の保有比率となる場合を含む）などと定義される。

(16)　適格資金調達において発行される優先株式と同一内容の種類の優先株式などと定義される。

株式の株価を決定する必要がある点である。このような点も踏まえ、現在、シード期のスタートアップ企業では、J-KISS（新株予約権）を用いた資金調達（下記**第２部**第１章参照）が広く行われている。J-KISSの最大の特徴は、株価の決定を先送りすることができるという点である。みなし優先株式を発行する場合、総株主間で複雑な契約を締結しなければならないが⒄、J-KISSはその雛形が公開されているため、シード期のスタートアップ企業にとっても、利便性が高い（投資契約の詳細な条件交渉を先送りすることができる）という違いもある。上記のとおり株主全員の合意が必要となる点も、みなし優先株式のデメリットの１つといえる⒅。

もっとも、現在も、みなし優先株式を用いた資金調達は根強く行われている。その主な理由は、次の３点である。

第１に、J-KISSと比較すると、みなし優先株式の方が、登記手続が簡単であるという点である。新株予約権であるJ-KISSは、みなし優先株式（普通株式）を発行する場合と比較すると、登記事項も圧倒的に多い。また、J-KISSを普通株式に転換する際には、別途、登記手続を行わなければならない。

第２に、J-KISSと異なり、投資家がエンジェル税制等の税制上の優遇を

⒄　資金調達買収時における分配方法などが規定されることが多い。条項例については、磯崎哲也『起業のエクイティ・ファイナンス（初版）』（ダイヤモンド社、平成26年）161頁以下も参照（増補改訂版では、条項例は記載されていない）。

⒅　みなし優先株式は、本文で述べたとおり、総株主の間の契約（株主全員との合意）があれば、既存株式の内容を変更することができることを利用したものである。みなし優先株式を発行したスタートアップ企業が、J-KISSなどの新株予約権による資金調達を行った後に、上記の条項例でいう「株式等」による資金調達を行うと、通常、それと同時に当該新株予約権は株式に転換されるため、みなし優先株式の合意を行っていない株主が現れてしまう可能性がある。そのため、このような場合には、みなし優先株式の合意がなされていたとしても、既存の普通株式が優先株式に転換することが妨げられてしまうおそれがある。この点は、みなし優先株式を活用する場合に注意が必要である。

受けられるという点である。但し、令和６年度税制改正により、一定の新株予約権の取得に要した金額がエンジェル税制の対象とされることとなったため、みなし優先株式を利用する場合の税制上のメリットは、従前と比べると小さくなった。

第３に、スタートアップ企業がJ-KISSを発行するためには、投資家との間で、少なからず交渉が必要になるところ、J-KISSを発行する段階で、結局、一定の交渉が必要になるのであれば、J-KISSよりも登記手続に要する費用（司法書士費用を含む）を抑えられるみなし優先株式を発行しよう、というわけである。交渉を要する事項としては、例えば、バリュエーション・キャップが挙げられる。下記**第２部**第１章で詳しく解説するとおり、J-KISS（新株予約権）は、スタートアップ企業が一定の規模以上の資金調達（適格資金調達）を行うと、当該資金調達時に発行される株式と概ね同種の種類株式に転換される。このとき、J-KISSを有する投資家（新株予約権者）は、通常、適格資金調達時の株価からディスカウントされた株価（転換価額）で、株式を取得することとなる。もっとも、J-KISSの発行時には、将来（適格資金調達時）の株価がいくらになるのかは分からない。そのため、J-KISSにおいては、転換価額が高額になりすぎないように、転換価額に一定の上限（バリュエーション・キャップ）が設定されることがある。かかる上限が設定された場合、J-KISSを有する投資家は、適格資金調達時の株価が想定よりも高額となった場合であっても、一定の価格以下で、株式を取得することができることとなる。

これは、スタートアップ企業にとっては、バリュエーション・キャップを低く設定してしまうと、当初期待していたよりも低い転換価額で、新株予約権が株式に転換されるという事態が生じてしまうということである。バリュエーション・キャップは、本来、転換価額の上限（キャップ）を定めるものであるが、その上限が、J-KISSの発行時における投資家の株価評価に近い価額で定められるケースもある。

このように、スタートアップ企業が、J-KISSを発行する際の交渉の負担は、スタートアップ企業がみなし優先株式（普通株式）の株価について交渉・決定する際の負担と大差は無い、ともいうことができる。

スタートアップ企業においては、みなし優先株式とJ-KISSのいずれを用いる場合でも、それぞれの経済的条件や、そのメリット・デメリットなどを見極めながら、慎重に検討することが望ましい。

(2) 取得請求権付種類株式

❶ 取得請求権付種類株式の内容

株式会社は、株主が株式会社に対してその株式の取得を請求することができる種類株式を発行できる(会社法108①五)。このような種類株式のことを、取得請求権付種類株式という。

取得請求権付種類株式を発行する場合、原則として、定款において、以下の内容を定める必要がある（会社法108②五・同③)。

① 株主が会社に対して当該株主の有する株式を取得することを請求することができる旨
② 取得対価を交付するときはその種類・内容、数・額又は算定方法
（※）取得請求権付株式の取得の対価としては、当該会社の株式、社債、新株予約権のほか、その他の財産も交付することができる。
③ 取得請求期間

スタートアップ企業の実務においては、優先株主が、いつでも、会社に対し優先株式を取得することを請求することができる旨の定めが置かれることが一般的である。その取得対価の定め方については、いくつかのバリエーションがあり得る。取得対価については、普通株式と定める場合も、優先株式と定める場合もあるものの、スタートアップ企業投資の実務上は、普通株式と定める場合が多い。この場合、優先株主は、権利を行使することにより、い

つでも優先株式を普通株式に転換することができる。実務上、このような権利は、優先株式を普通株式に転換できるため、転換請求権と呼ばれる。また、上記のとおり、金銭を取得対価とすることも可能である（この場合は、償還請求権と呼ばれる）。

取得請求権（転換請求権）付種類株式を定める場合の条項例は、次のとおりである。

> 第○条（普通株式を対価とする取得請求権（転換請求権））
>
> (1) A種優先株主は、○年○月○日以降いつでも、法令に従い、次項に定める条件で、A種優先株式の全部又は一部を当会社の普通株式に転換（ある種類の株式等（株式、新株予約権、新株予約権付社債その他株式の交付の請求若しくは取得が可能な証券又は権利をいう。以下同じ。）を当会社が取得し、それと引換えに当会社の別の種類の株式等を交付することをいう。以下同じ。）することを請求することができる。
>
> (2) A種優先株式の転換の条件は以下のとおりとする。
>
> ① 転換により交付すべき普通株式の数
>
> A種優先株式の転換により交付すべき当会社の普通株式の数は以下の算式（以下「A種転換数算定式」という。）により算定される。但し、計算の結果、1株未満の端数が生じた場合、1株未満の端数は切り捨てるものとし、この場合においては、会社法第167条第3項に定める金銭の交付はしないものとする。
>
> $$\text{転換により交付すべき普通株式の数} = \frac{\text{A種払込金額} \times \text{転換請求にかかるA種優先株式の数}}{\text{A種転換価額}}$$
>
> ② A種転換数算定式におけるA種転換価額及びその調整
>
> (a) A種転換価額は、当初、A種払込金額と同額とする。
>
> (b) 当会社が普通株式につき株式の分割若しくは併合又は株式無償割当てを行う場合、以下の算式によりA種転換価額を調整する。なお、調整の結果、1円未満の端数が生じた場合、小数第1位を四捨五入

する。

（略）

(c)　当会社において以下に掲げる事由が発生した場合には、以下の算式によりA種転換価額を調整する。なお、調整の結果、1円未満の端数が生じた場合、小数第1位を四捨五入する。

（略）

③　A種転換価額の調整を行わない場合

（略）

なお、取得請求権付種類株式を発行した場合の注意点については、下記4(2)も参照されたい。

❷ 取得請求権付種類株式が利用される理由

まず、取得対価を普通株式とする取得請求権（転換請求権）付種類株式については、転換請求権の行使により、優先株式が普通株式に転換され優先株式に与えられた優先的地位が失われることとなるため、通常、投資家が転換請求権を行使したいと考えるケースは限定的である。もっとも、スタートアップ企業が買収される場合、優先株式を普通株式に転換しておくことにより、優先株式よりも普通株式の方が受け取る買収対価の額が多くなることがある(19)。また、創業者と投資家の間で対立が生じ、投資家が、転換請求権を行使して普通株式を取得し、普通株主を構成員とする種類株主総会の過半数を占めたいなどと考える場合もありうる。それゆえ、投資家側としては、行使条件の制約のない取得請求権（転換請求権）付種類株式を要請することとなる。

次に、金銭を取得対価とする取得請求権（償還請求権）付種類株式につい

(19)　具体的には、当該優先株式の残余財産の分配に関する取扱いが「非参加型」となっているような場合である。詳細は、宍戸＝VLF 41頁以下〔飯田秀総ほか〕参照。

ても、投資家は、スタートアップ企業の企業価値の増大によるアップサイドの利益を見込んでいることから、償還請求権を行使して、一定の金額の償還を受けることは想定していないことが多い。また、投資家が償還請求権を行使するためには、スタートアップ企業に分配可能額があることが必要となる(会社法166①・461②)。スタートアップ企業には、十分な分配可能額がないことが多く、投資家が償還請求権を行使するタイミングも限定されている。にもかかわらず、取得請求権（償還請求権）付種類株式が発行される理由の１つは、スタートアップ企業が、現金を対価とする事業譲渡や会社分割を行い、その事業の全部を移転させた場合に、投資家に対し、速やかにExitする手段を与えるためである。すなわち、スタートアップ企業が事業譲渡又は会社分割により事業の全部を移転させ、対価を取得した場合、投資家がExitして現金の分配を受けるためには、当該スタートアップ企業の解散・清算が必要となる。しかし、解散・清算には、株主総会による解散決議（特別決議。会社法471三・475一・309②十一）などの会社法上の手続等が必要となる。また、解散決議から清算結了までに一定の時間も要する。これに対し、償還請求権を行使することができれば、投資家は速やかにExitすることが可能になる。そこで、事業譲渡や会社分割が行われた場合に償還請求権を行使できるといった内容の取得請求権（償還請求権）付種類株式が設計される場合がある。

(3) 取得条項付種類株式（強制転換条項付種類株式）

❶ 取得条項付種類株式（強制転換条項付種類株式）の内容

株式会社は、一定の事由が生じたことを条件として取得することができる種類株式を発行することができる（会社法108①六)。このような種類株式のことを、取得条項付種類株式という。

取得条項付種類株式を発行する場合、原則として、定款で、以下の内容を定める必要がある（会社法108②六・同③)。

① 一定の事由が生じた日に当該会社がその株式を取得する旨及びその事由
② 当該会社が別に定める日が到来することをもって一定の事由とするときは、その旨
③ 一定の事由が生じた日に取得条項付株式の一部を取得することとするときは、その旨及び取得する株式の一部の決定の方法
④ 取得対価を交付するときはその種類・内容、数・額又は算定方法

スタートアップ企業の実務においては、次のような定めが置かれることが多い。スタートアップ企業は、一定の事由（上場申請など）が生じた場合に（上記①に対応）、株主が保有する優先株式を取得することができるとする一方で、優先株式を取得するのと引換えに、株主に対し、対価として普通株式を交付する（上記④に対応）、といった定めである。このような定めにより、スタートアップ企業は、トリガーとなる事由（取得事由）が生じた場合に、株主が保有する優先株式を強制的に普通株式に転換することができる。実務上、このような条項を強制転換条項と呼ぶ。

強制転換条項付種類株式を定める場合の条項例は、次のとおりである。

（普通株式を対価とする取得条項（強制転換））
第○条　当社が当社の普通株式の上場のため金融商品取引所（日本国外におけるものも含む。）に対し当該上場の申請を行う旨を取締役会（当社が取締役会非設置会社である場合には株主総会）において決議をした場合で、かつ、当該上場に関する主幹事証券会社からA種優先株式を転換するべき旨の要請を受けた場合には、当社は取締役会決議により定める日をもってA種優先株式の全てを当社の普通株式に転換することができるものとする。A種優先株主に対して交付すべき普通株式の数その他の条件については、第○条（転換請求権）の定めを準用する。ただし、A種優先株主に対

して交付される普通株式の数に１株に満たない端数が生じた場合には、会社法234条に従って処理する。

❷ 取得条項付種類株式（強制転換条項付種類株式）が利用される理由

上記の条項例では、上場申請をトリガー（取得事由）として、A種優先株式（通常は残余財産の分配が優先される内容となっている）を普通株式に強制的に転換することができる旨を規定している。このような規定を定めるのは、東京証券取引所における上場審査の際に、上場申請時点で優先株式が普通株式に転換されていることが求められており[20]、実務慣行上、IPOに際して、主幹事証券会社から、上場申請日までに種類株式を普通株式に転換するように要請がなされているためである。上記の条項例が発動すると、投資家の保有する優先株式は、自動的に普通株式に転換されることとなる。スタートアップ企業が発行する種類株式においては、このような取得事由が定められるケースが多い[21]。

もっとも、上場申請したからといって、必ずしもIPOをすることができるとは限らない。上場承認を得られなかったり、上場承認がなされたとしても、諸事情により取り消されたりする例もある。上場申請後、IPOをすることができなかった場合には、投資家の保有していた優先株式は、何らかの手当をしない限り、普通株式に転換されたままである。そのため、IPOがされなかった場合に、投資家の優先株主としての権利を復活させる規定を設ける必要が

(20) 宍戸善一＝ベンチャー・ロー・フォーラム（VLF）編『ベンチャー企業の法務・財務戦略』（商事法務、平成22年）283頁〔棚橋元＝林宏和〕等を参照。なお、主に株主間契約を念頭に置いたものであるが、東京証券取引所「新規上場ガイドブック2023（グロース市場編）」136頁においては、「特定の株主に特別な権利を付与する契約の存在は、その他の株主の権利を損うものとなる懸念が高いことから、申請前に解消されていることが原則となります。」とされている。

(21) 保坂雄＝小川周哉「種類株式を利用したスタートアップファイナンス」商事法務2126号（平成29年）54頁の調査によれば、スタートアップ企業投資に際して種類株式が利用された会社のうち、IPOの申請に関わる事由を取得事由とする強制転換条項が定められているのは約85％であるとのことである。

生じる。株主間契約において、このような規定が設けられる例も多い(22)。

また、スタートアップ企業が強制転換条項付種類株式を発行する場合、取得事由として、上記の条項例のように上場申請が規定されるほか、当該優先株主の一定数の同意がある場合などが規定される例がある。このような規定に基づき優先株式を普通株式に強制的に転換させる必要が生じるのは、主に、スタートアップ企業が倒産直前にまで陥った場合である。スタートアップ企業が倒産直前にあるとしても、投資家がリスクを超えたリターンを得られる可能性が十分にあると判断すれば、当該企業も投資(23)を受けることが可能である。もっとも、新規の投資をきっかけとしてスタートアップ企業が危機時期から脱却した場合、既存の優先株主の権利が維持されていると、当該既存の優先株主も大幅なリターンを得ることができてしまう。これでは、投資家としても、危機時期に投資をするインセンティブに欠ける。そこで、一定数の優先株主の同意により、優先株式を普通株式に転換させることが検討されることとなる。

なお、取得条項付種類株式を発行した場合の注意点については、下記4(2)も参照されたい。

(4) 拒否権付種類株式

❶ 拒否権付種類株式の内容

拒否権付種類株式とは、株主総会又は取締役会において決議すべき事項(24)

---

(22) 但し、既存株式の内容を変更するためには、定款変更のための株主総会の特別決議（会社法466・309②十一)、及び保有する種類株式の内容が変更される各株主（上場申請時に優先株式を保有していた各株主）の同意が必要となる（下記6参照)。加えて、変更後の株式には、再度、譲渡制限が付され、上記の定款変更議案における反対株主は、株式買取請求権を有する（会社法116①二)。そのため、実際に対応する場合のハードルは高い。

(23) いわゆるウォッシュ・アウト・ファイナンスと呼ばれるものである。明確な定義があるわけではないが、危機時期にあるスタートアップ企業が、直前のラウンドよりも著しく低いバリュエーションによるなど、既存の株式を大幅に希釈化するような条件による新株発行によって、資金調達を行うことを意味することが多い。

のうち、当該決議のほか、当該種類の株式の種類株主を構成員とする種類株主総会の決議があることを必要とする株式をいう（会社法108①八）。この種類株主は、当該決議事項について、いわば「拒否権」を有することとなるため、拒否権付種類株式（拒否権付株式）と呼ばれている。また、その効力が絶大であることから、「黄金株」とも呼ばれることがある。拒否権付種類株式が発行されている場合、株主総会又は取締役会の決議に加えて、種類株主総会の決議がなければ、原則として、その効力は生じない（会社法323）。

拒否権付種類株式を発行する場合、定款で、①種類株主総会の決議があることを必要とする事項、及び②種類株主総会の決議を必要とする条件を定めるときはその条件を定める必要がある（会社法108②八）。

拒否権付種類株式の条項の例は、以下のとおりである。

（拒否権）

第○条　当会社が以下に掲げる行為をする場合、株主総会又は取締役会の決議のほか、○種優先株主を構成員とする種類株主総会の決議があることを必要とする。

① 定款の変更
② 当会社の株式、新株予約権または新株予約権付社債の発行
③ 合併、株式交換、株式交付、株式移転若しくは会社分割又は事業譲渡
④ 資本金の額の減少
⑤ 株式の併合、株式の分割、株式無償割当てまたは新株予約権無償割当て
⑥ 特別支配株主の株式売渡請求の承認
⑦ 剰余金の配当
⑧ 自己株式の取得

---

(24) 取締役会が「決議すべき事項」とは、取締役会が決定することができる事項をいう。会社法上、「重要な業務執行の決定」は全て取締役会決議事項とされているため（会社法362④）、拒否権の対象事由は相当広く規定することができる。

⑨　解散

⑩　破産手続開始、民事再生手続開始、会社更生手続開始、特別清算手続開始若しくはこれに準ずる手続の申立て

❷ 拒否権付種類株式が利用される理由

拒否権付種類株式は、経営上の一定事項について少数株主である投資家に拒否権を認めることで、当該事項に関しては投資家の意思に反した意思決定がなされないようにすることを目的とするものである。もっとも、日本におけるスタートアップ投資実務の傾向としては、拒否権を、株主間契約のみにおいて定める例が多いとされる(25)（株主間契約においては、投資家の事前承諾事由として定められることが多い。理由については、コラム参照)。

COLUMN　拒否権を種類株式の内容として定めるか、株主間契約で定めるか

本文で述べたとおり、日本におけるスタートアップ企業投資実務の傾向としては、拒否権を、種類株式の内容としてではなく、株主間契約における事前承諾事項として定める例が多いとされる。その一方で、最近では、拒否権を種類株式の内容として規定することを再評価する動きもある(26)。

本コラムでは、拒否権を種類株式の内容として定める場合のメリットとデ

---

(25)　宍戸＝VLF91頁〔飯田秀総ほか〕。保坂雄＝小川周哉「種類株式を利用したスタートアップファイナンス」商事法務2126号（平成29年）56頁の調査によれば、スタートアップ企業投資に際して種類株式が利用された会社のうち、拒否権付種類株式を用いているのは約31％にとどまるとのことである。

(26)　松尾健一「スタートアップ投資と投資契約－会社・経営株主の株式買取義務の合理性」ジュリ1576号（令和４年）42頁参照。

メリットを再度整理したうえで、今後のスタートアップ企業実務における拒否権付種類株式の内容について検討を加えたい。

1．種類株式の内容として定める場合のデメリット

拒否権を種類株式の内容として定める場合の主なデメリットは、次の３点である(27)。

第１に、拒否権付種類株式を発行した場合、種類株主総会の開催等による手続的な負担が生じる点である。拒否権付種類株式を発行すると、拒否権の対象事由が生じる度に、招集手続（会社法325・299①）を経て種類株主総会を開催する必要がある。書面により種類株主総会決議を行うことができれば手続的な負担は軽減されるが、そのためには、当該種類株式を保有する全株主の同意を取得する必要がある（会社法325・319①）。また、種類株主総会決議を行った場合には、会社法上の要件を満たした議事録も作成しなければならない（会社法325・318①）。こうした手続は、迅速果断な意思決定が求められ、管理部門にリソースを割くことを避けたいスタートアップ企業にとって、非常に煩雑である。これに対し、株主間契約において拒否権を定めた場合、スタートアップ企業は、株主間契約で求められる承諾（A種優先株主の○%の承諾など）を取得すれば足りる。議事録の作成も不要である。

第２に、拒否権付種類株式の内容が、登記事項（会社法911③七）として公表される点である。登記上、拒否権の対象事由が広範に規定されていると、何を決めるにも投資家の承認が必要であるという外観が生じかねない。こうした外観が生じることは、スタートアップ企業としても抵抗感があるし、投資家にとっても、必ずしも好ましいものではない。

第３に、拒否権付種類株式の内容を事後的に変更する場合、株主間契約における事前承諾事項を変更する場合よりも、手続的な負担が重くなる点である。株主間契約の内容を変更する場合は、契約当事者間の合意のみによって変更することができる。これに対し、種類株式の内容を変更する場合は、株

主総会の特別決議（会社法466・309②十一）により定款変更を行うなどの手続が必要となる（下記６参照）。

２．種類株式の内容として定める場合のメリット

拒否権を種類株式の内容として定める場合のメリットは、拒否権の実効性をより確保できる点であると指摘されている。

⑴　実効性の事後確保の観点

種類株式の拒否権の対象となる行為は、種類株主総会決議がなければ、その効力を生じない（会社法323本文）。「効力を生じない」ことの意味については、下表のとおり、その行為ごとに異なり得る(28)。

行為内容	効力
①　代表取締役による業務執行行為	相手方が善意・無重過失である限り、相手方に対しこれが無効であることを対抗することができない（会社法349⑤参照）(29)
②　募集株式の発行	少なくとも非公開会社においては無効事由となる（無効の主張は、新株発行の無効の訴えによることが必要である）
③　株式の併合	当然無効
④　株式の分割	無効（有力説によれば、株式発行・自己株式の処分無効の訴えの規定が類推適用され、無効の訴えによらなければならない）
⑤　定款変更	当然無効
⑥　事業譲渡	善意の相手方に対しても、無効を主張できる（株主総会決議を欠く場合と同様）
⑦　合併その他の組織再編	無効事由となる（無効の主張は、合併その他の組織再編無効の訴えによることが必要である）

これに対し、株主間契約の定めに反し、株主の事前承諾を得ずに特定の行為が行われた場合、一般的には、その行為の効力自体には影響を与えず、契約違反当事者に対し損害賠償請求をすることができるにとどまると解されている。但し、契約違反当事者に対し損害賠償請求をするとしても、当該契約違反に起因して当該株主（少数株主）が損害を被ったことを立証することは容易ではない。

有力な見解によれば、株主間契約が株主全員により締結されている場合には、定款違反と同視して、株主の事前承諾を得ずに行われた株主総会決議が取消しの対象となるとされる(30)。かかる取消しがなされれば、基本的に上表と同様の帰結を得られる。しかし、事前承諾事由は必ずしも株主全員により合意されるとは限らないため、事前承諾を得ずに株主総会決議がなされたとしても、これを取り消すことができない場合も多いであろう。そもそも株主総会の付議事項でなければ、こうした実効性の確保の手段も取り得ない。

そこで、株主間契約で事前承諾事由を定める場合、その実効性を高めるために、投資家の株式買取請求権が定められることがある。スタートアップ企業が事前承諾なくして特定の行為を行った場合、そのサンクションとして、スタートアップ企業や創業者に、投資家の保有する株式を一定の価格で買い

---

(27) 以下、宍戸＝VLF 13頁以下〔宍戸善一〕・91頁〔飯田秀総ほか〕、経済産業省ほか「我が国における健全なベンチャー投資に係る契約の主たる留意事項」（平成30年、令和４年改訂）17頁～18頁も参照。

(28) 岩原紳作編『会社法コンメンタール７―機関(1)』（商事法務、平成25年）356頁〔山下友信〕、酒巻俊雄＝龍田節編集代表『逐条解説会社法－第４巻機関・１』（中央経済社、平成20年）214頁〔黒沼悦郎〕、松尾健一「スタートアップ投資と投資契約－会社・経営株主の株式買取義務の合理性」ジュリ1576号（令和４年）42頁を参照。

(29) 種類株主総会の決議がないにもかかわらず、代表取締役が拒否権の対象となる業務執行行為を行った場合、相手方が善意・無重過失である限り、相手方に対しこれが無効であることを対抗することができないと解されている（江頭167頁）。

(30) 江頭351頁、田中193頁。決議方法が著しく不公正な場合（会社法831①一）に当たることを理由として決議の取消可能性を認める見解として、田中＝MHM・219頁以下〔松永学〕。

取らせるのである。もっとも、特定の行為が事前承諾なくして行われた場合に、行為の効力自体が否定されることはない。

これらを踏まえると、株主全員の合意（株主間契約）により事前承諾事由を定める場合を別とすると、拒否権を種類株式の内容として定める方が、事後的な実効性の確保度合いとしては優位であるといえる。

⑵　実効性の事前確保の観点

拒否権を種類株式の内容として定めた上で、取締役が種類株主総会決議を経ずに拒否権の対象となる行為を行おうとする場合、少数株主は、定款違反のおそれを理由として、当該行為の差止請求をすることができる（会社法360。民事保全法23②に基づく仮処分も可能）。もっとも、スタートアップ企業が種類株式を用いた資金調達を行っている場合、VCから取締役を派遣されることなどを契機に、取締役会設置会社に移行していることが多い。取締役会設置会社は、原則として、監査役の設置が強制されることから（会社法327②本文）、スタートアップ企業が取締役会設置会社に移行する場合は、同時に、監査役設置会社に移行していることが一般的である。監査役設置会社において、株主が上記の差止請求権を行使するためには、会社に「回復することができない損害」が生じるおそれがあることが必要であるが（会社法360③）、これを立証することは容易ではないであろう⑶1。

それでは、株主間契約の定めに反し、株主の事前承諾を得ずに特定の行為が行われようとする場合に、当該行為の差止めなどを求めることは可能か。

株主間契約が株主全員により締結されており、契約当事者に取締役が含まれている場合には、定款違反と同視して、当該取締役（典型的には代表取締役）による違法行為（株主総会の開催や事前承諾の対象となる行為自体）の差止請求を行うことが考えられる（会社法360）。これは、種類株式の内容

---

(31)　但し、定款違反を理由とする募集株式の発行の差止めについては、「不利益を受けるおそれ」があれば足りる（会社法210一）。

として拒否権を定めた場合と同様の違反抑止手段である。

問題は、株主間契約が株主全員により締結されていない場合である。

この点については議論があり得るが、スタートアップ企業自身が契約当事者に含まれている場合、理論的には、少数株主が、契約上の債務の履行強制（民法414）として、スタートアップ企業に対して、直接、事前承諾事由の対象となる行為の差止めを行う余地もあり得るであろう。但し、この点に関して判断を示した裁判例は見当たらない。

株主に対しては、どのような請求をすることができるか。株主間契約において事前承諾事由が定められた場合、各株主は、理論的には、事前承諾事由について、拒否権を有する他の株主の承諾が得られない限り、株主総会又は取締役会において、賛成の議決権を行使してはならないという不作為義務を負うものと解される(32)。そうすると、そのような不作為義務が契約上明確になっているにもかかわらず、多数株主が少数株主の承諾を得ずに各決議を行おうとする場合には、少数株主は、契約上の債務の履行強制（民法414）として、多数株主に対して契約違反を理由とする当該議決権行使の差止めを求め得ると考えられる。当該多数株主が派遣した取締役に対しては、取締役会における議決権行使の差止めを求めることも可能であると考えられる。いずれの場合も、民事執行法172条に基づき間接強制を行うことが可能であると解される。さらに、株主間契約の内容にしたがった議決権行使（意思表示）に代わる判決（民法414、民執177）を求める余地もあろう(33)。

もっとも、非公開会社において、株主総会の招集通知が発送されるのは、原則として株主総会の日から１週間前である（会社法299①）。そのため、少数株主が、株主総会の開催までに、多数株主に対し、株主総会における議決権行使の差止請求や、議決権行使に代わる判決を求めることは容易ではない。仮の地位を定める仮処分命令の申立てを行う場合（民事保全法23②）も同様である。また、取締役会決議に至っては、少数株主が常に取締役会決議のスケジュールを把握しているものとは限らないため、事実上、これらを行う機会さえない場合もあるだろう。さらに、株主総会や取締役会の付議事項に該当しない場合には、差止めの対象も存在しないという事態も起こり得る。

上記のとおり、取締役が種類株主総会決議を経ずに拒否権の対象となる行為を行おうとする場合に、少数株主が定款違反を理由とする差止請求を行うことにも相当のハードルがある。もっとも、株主間契約に定められた義務を履行強制することができるかについては未だ定説は形成されていないこと、理論上、契約当事者である株主や取締役に対して議決権行使の差止請求をすることができたとしても、実務上、時間の切迫性や差止対象の有無といった問題があることを踏まえると、種類株式の内容として拒否権を定めた方が、事前の実効性の確保度合いとしても優位であるということができる。

3．まとめ

以上のとおり拒否権を種類株式の内容として定めた方が、合意の実効性をより確保できる手段であると評価することができる。特に意義があるのは、拒否権の対象となる行為の効力を事後的に争う場合である。

種類株式の内容を事後的に変更する必要がある場合（上記１の第３のデメ

---

(32) 藤原総一郎ほか『株主間契約・合弁契約の実務』（中央経済社、令和３年）67頁。

(33) 議決権拘束契約違反を理由とする議決権行使の差止めなどにつき、田中亘「スタートアップ投資と株主間契約」ジュリ1576号（令和４年）44頁以下。履行強制をするために全ての株主が株主間契約の当事者となっている必要性がないとするものとして、岩原紳作ほか『会社・金融・法（上）（商事法務、平成25年）』233頁以下〔田中亘〕、田中＝MHM213頁〔松尾健一〕。反対、森田果「株主間契約（６・完）」法学協会雑誌121巻１号（平成16年）16頁）、江頭352頁。また、この論点に関しては、牛島総合法律事務所「株主間契約に基づく株主総会及び取締役会における議決権行使の強制が仮処分手続において認められた例」（https://www.ushijima-law.gr.jp/client-alert_seminar/clientalert/shareholders_agreement/）（令和６年１月10日最終閲覧）も参照。公表されている裁判例として、名古屋地決平成19年11月12日金判1319号50頁（但し傍論）、東京高判令和２年１月22日判時2470号84頁も参照。

リット）は多くはない。そうすると、拒否権を種類株式の内容として定めるかどうかは、主として、合意の実効性を確保できるというメリットと、種類株主総会の開催等による手間が生じることや、拒否権の内容が登記事項として公表されること（同第１・第２のデメリット）との比較衡量により決することになろう。スタートアップ企業の基本的事項に関する事項（定款変更、組織再編など）や、その資本関係に関する事項（募集株式の発行、自己株式の取得、株式併合など）といった特に重要な事項（そして、第三者が見ても投資家が拒否権を有しているのが当然であると思われる事項）については、拒否権を種類株式の内容として定めることも検討に値すると考えられる。

(5) 役員選任権付種類株式

❶ 役員選任権付種類株式の内容

役員選任権付種類株式とは、当該種類の株式の種類株主を構成員とする種類株主総会において取締役(34)又は監査役（以下、(5)において「役員」という）を選任することを定めた種類株式をいう（会社法108①九）。

役員選任権付種類株式を発行する場合、原則として、定款で、以下の内容を定める必要がある（会社法108②九・同③、会社規19）。

①　種類株主総会において役員を選任すること及び選任する役員の数
②　①により選任することができる役員の全部又は一部を他の種類株主と共同して選任することとするときは、当該他の種類株主の有する株式の種類及び共同して選任する役員の数
③　①又は②に掲げる事項を変更する条件があるときは、その条件及びその条件が成就した場合における変更後の（i）又は（ii）に掲げる事項
④　種類株主総会において社外取締役(35)又は社外監査役を選任しなければならないこととするときに定めるべき事項

取締役について役員選任権付種類株式を発行する場合、種類株主総会によって選任されることとなる（会社法347①・329①）。全体の株主総会では取締役は選任されない(36)。監査役についても同様である（会社法347②・329①）。

役員選任権付種類株式の条項の例は、以下のとおりである。

（取締役の選任に関する種類株式）
第○条　普通株主を構成員とする種類株主総会において、取締役○名を選任することができる。
2　A種種類株主を構成員とする種類株主総会において、取締役○名を選任することができる。
3　B種種類株主を構成員とする種類株主総会において、取締役を選任することはできない。
4　当会社の取締役の選任決議は、累積投票によらないものとする。

❷ 役員選任権付種類株式が利用される理由

役員選任権付種類株式は、投資家が取締役を派遣することにより日常的に内部から経営をモニタリングしたいという要請に応じるものといえる。もっ

(34) 監査等委員会設置会社においては、監査等委員である取締役又はそれ以外の取締役。
(35) 監査等委員会設置会社にあっては、監査等委員である社外取締役又はそれ以外の社外取締役。
(36) 但し、役員の全部又は一部を他の種類株主と共同して選任する定めは許容されている（会社法108②九ロ）。そのため、実質的に会社の株主全員が参加する株主総会において一部の役員を選任することとしたい場合は、選任権付種類株式の定めにおいて、議決権のあるすべての種類の株主が共同して開催する種類株主総会で、当該役員を選任することとすることが考えられる（中川晃「改正法施行に伴う商業登記事務の取扱い」登記研究編集室編『平成13年・平成14年商法改正と登記実務』（テイハン、平成15年）227頁）。

とも、日本におけるスタートアップ企業投資実務の傾向としては、投資家の役員選任権を、株式の内容として定める例もあるものの、種類株主総会決議取得のための手続的負担や、将来のスタートアップ企業と投資家との間の合意による拒否権の内容の変更の柔軟性の観点から、株主間契約でのみ定める事例が多いとされる。(37)

COLUMN 属人的株式

株主平等原則の例外として、非公開会社は、「剰余金の配当を受ける権利」、「残余財産の分配を受ける権利」、及び「株主総会における議決権に関する事項」について、株主ごとに異なる取扱いを行う旨を定款で定めることができる（会社法109②）。これを属人的な権利という。実務上、属人的株式と呼ばれることも多い。

この属人的株式は、種類株式と似て非なるものである。種類株式と異なる点として、登記が不要で、議決権について柔軟な設計が可能なことが挙げられる。例えば、ある投資家の議決権を加重したり（複数議決権）、逆に異なる持株数でありながら、全株主の議決権を同じ数にしたりすることも可能となる。種類株式と属人的株式の相違は以下のとおりである。

---

(37) 保坂雄＝小川周哉「種類株式を利用したスタートアップファイナンス」商事法務2126号（平成29年）55頁によれば、スタートアップ企業投資に際して種類株式が利用された会社のうち、役員選任権付種類株式を用いているのは約15％であるとのことである。

	種類株式	属人的株式
株式の内容かどうか	株式の内容	株式の内容ではない
具体的な内容	①剰余金の配当 ②残余財産の分配 ③議決権制限 ④その他、譲渡制限、取得請求権、取得条項等会社法の定める事項	①剰余金の配当 ②残余財産の分配 ③株主総会における議決権に関する事項
議決権に関する事項	（全体の）株主総会で一定事項の議決権を有しないとすることに限定	一株当たり複数議決権等柔軟な定めが可能
定款の定め	必要	必要
登記	必要（法定の種類株式の内容について）	不要

スタートアップ企業において、属人的株式は、特定の株主が保有する株式につき複数議決権を認める場合に利用される。例えば、ある投資家が保有するA種優先株式につき、その保有するA種優先株式の数にA種転換比率を乗じて得られる数の議決権を有する、といった設計とすることがある。種類株式の内容として、このようにA種優先株式を保有する株主に対して、複数の議決権を付与することは許されていないものの、属人的株式の場合には許容される。もっとも、属人的株式は、特定の株主について特別の取扱いを定めているものであることから、株式が譲渡又は相続された場合、譲受人又は相続人が当該特別の取扱いを受けることはできないと解されている。譲受人又は相続人に対しても特別の取扱いをしたい場合には、定款に取得した者も同様の取扱いになる旨の規定を設けたり、株主間契約に規定したりする必要がある。属人的株式が譲渡された場合については、宍戸＝VLF 53頁以下参照。

4　新たな種類の株式を導入する手続

株式会社が新たに種類株式を発行する場合には、その種類の内容及び発行可能種類株式総数を定款に定めなければならない（会社法108②）。

(1)　定款変更の手続

定款変更は、株主総会の特別決議により行う（会社法466・309②十一）。会社法上は、一定の重要事項を除き、定款には「内容の要綱」のみを定め、より具体的な内容については、実際に当該種類の株式を発行するときまでに、株主総会（取締役会設置会社の場合は取締役会）で定めることも可能である（会社法108③、会社規20①）。もっとも、「内容の要綱」の範囲は、必ずしも明確とはいえない(38)。そこで、実務上は、株主総会終結時に株式の内容が定まっている場合、定款に、可能な限りその内容を詳細に規定することが多い。

また、すでに種類株式を発行している株式会社が、新たな種類の株式（例えば、B種優先株式）を追加する場合、これにより、ある種類の株式の種類株主（例えば、A種優先株主）に「損害を及ぼすおそれ」（この文言の意義について、下記10(1)参照）があるときは、その種類株主（A種優先株主）で構成する種類株主総会の特別決議が必要となる（会社法322①一イ・324②四）。

なお、株式会社が、上記の手続を経て新たな種類の株式を導入する定款変更を行うと、「第108条第１項各号に掲げる事項について内容の異なる２以上の種類の株式を発行する株式会社」として、種類株式発行会社（会社法

---

(38)　「内容の要綱」の意義については、論点解説59頁、酒巻俊雄＝龍田節編『逐条解説会社法 第２巻 株式・１』（中央経済社、平成20年）69頁〔松尾健一〕参照。取得請求権付株式及び取得条項付株式について具体的に論じたものとして、棚橋元「会社法の下における種類株式の実務〔下〕」商事法務1766号（平成18年）89頁以下参照。

2十三）に当たることになる。「株式を発行する」とは、2以上の種類の株式について定款の定めを設けていることをいうため、現に2以上の種類の株式を実際に発行していなくとも、種類株式発行会社に当たる⑶⑼。

⑵　発行可能種類株式総数

株式会社が新たに種類株式を発行する場合には、その種類の内容及び発行可能種類株式総数（会社法101①三）を定款に定めなければならない（会社法108②）。種類株式を発行する場合、その数は、定款に定める発行可能株式総数（会社法37①・113）のみならず、発行可能種類株式総数の範囲内とすることが必要である。そのため、定款上、十分な発行可能種類株式総数を定めておく必要がある⑷⑽。

発行可能株式総数に注意を払う必要があるのは、種類株式の発行時に限られない。

会社法上、(i) 取得請求権付種類株式（取得請求期間の初日が到来していないものを除く）の取得、(ii) 取得条項付種類株式の取得又は（iii）新株予約権（行使期間の初日が到来していないものを除く）の行使により発行されるある種類の株式の合計数は、当該種類の発行可能種類株式総数から当該種類の発行済株式（自己株式を除く）の総数を控除して得た数を超えてはならないとされる（会社法114②）。要するに、会社が (i) から（iii）のいずれかを発行している場合、会社は、常にその対価である種類株式の発行枠（発行可能種類株式総数）を確保しておかなければならない。さもないと、これらの種類株式の発行時に、定款の定める発行可能種類株式総数を超過する事態が生じるおそれがあるためである。実務上は、この規制に違反しないように、予め、十分な発行可能種類株式総数を定めておく必要がある（新株発行

⑶⑼　論点解説50頁。

⑷⑽　なお、定款に定める内容として、発行可能種類株式総数の合計数が発行可能株式総数を超えることも、逆に発行可能種類株式総数の合計数が発行可能株式総数を下回ることも差し支えない。論点解説56頁、相澤哲編「立案担当者による新・会社法の解説」別冊商事法務295号（平成18年）29頁

の無効の訴えにおける無効原因との関係については、下記８(2)も参照）[41]。

5　種類株式の発行手続

(1)　概要

会社が株式を用いて外部から資金調達をする場合、大まかには、①会社の株式の引受人（会社に対し出資をすることを約するのと引き換えに、株主となる権利を取得した者をいう）となる者を募集する、②引受人に対して新たな株式（新株）を発行するのと引き換えに、引受人から出資（金銭等の財産の拠出）を受ける、という方法が取られる。これを募集株式の発行という。いわゆる増資のことである。新株発行ともいう。

会社が新たに募集株式を発行する方法としては、一般的に、以下の３つの方法があるとされる。

募集株式を発行する３つの方法

株主割当て	会社が既存の株主に対して、それまでの持株比率に応じて、募集株式の割当てを受ける権利を与えて募集株式の発行を行う方法
公募	会社が不特定多数の者に募集株式の発行を行う方法
第三者割当て	会社が特定の第三者（既存株主も含む）に対して、募集株式の発行を行う方法

このうち、スタートアップ企業が用いることが多いのは、第三者割当ての方法である。もちろん、株主割当ての方法が取られることもあるが、既存の

(41)　これに対し、会社が、(i)取得請求権付株式又は(ii)取得条項付株式を発行している場合でも、会社は、その対価である種類株式の数を含めた発行可能株式総数までは確保しておく必要はない（(iii)新株予約権に関する会社法113④を参照）。論点解説73頁。

株主のみによって、スタートアップ企業が希望する額の資金を調達することは容易ではない。スタートアップ企業は、エンジェル投資家やVCといった特定の第三者から資金を調達するため、第三者割当ての方法により、その者に対してだけ募集株式を発行するのが通常である。第三者割当ての方法により、普通株式を発行することも種類株式を発行することも可能である。その手続は、種類株主総会決議の要否（下記(4)）を除き、ほとんど差はない。そのため、本書では、第三者割当てにより募集株式を発行する場合の手続を、ごく簡単に解説するに留めることとする(42)。

募集株式を発行する場合、次のフローチャートのようなステップをたどる。

以下、募集事項の内容について解説した上、ステップごとに解説する。

(2) 募集事項

株式会社が種類株式の発行を行う場合、会社法にしたがい、以下の募集事項を定めなければならない（会社法199①各号）。

① 募集株式の種類(注1)及び数(注2)
② 募集株式の払込金額又はその算定方法(注3)
③ 金銭以外の財産を出資の目的とするとき(注4)は、その旨並びに当該

---

(42) 上記で説明した募集株式の発行のほか、会社は、自己株式（会社が有する自己の株式。会社法113④）の処分をするのと引き換えに、引受人から出資を受ける方法により、外部から資金調達を行うことも可能である（募集株式の発行と自己株式の処分を総称して、以下「募集株式の発行等」という）。もっとも、スタートアップ企業が自己株式を有している場合は多くないため、本書では、解説を割愛する。

財産の内容及び価額

④ 募集株式と引換えにする金銭の払込み又は上記③の財産の給付の期日又はその期間(注5)

⑤ 株式を発行するときは、増加する資本金及び資本準備金に関する事項(注6)

(注1) 募集株式の「種類」には株式の内容(会社法108)は含まれない(株券の記載事項に関する会社法216四と対照)。定款には種類株式の内容の要綱を定めた上で、その内容の全部又は一部を取締役会決議に委任することも可能であるが(会社法108③)、その場合も、当該種類株式の募集事項の決定までに、株主総会(取締役会設置会社の場合は、株主総会又は取締役会)において、当該定款の定めに従って、その具体的な内容を定める必要があると解されている(43)。そのため、実務上は、募集事項とあわせて株式の内容を決定している。

(注2) 種類株式を発行する場合、その数は、定款に定める発行可能株式総数(会社法37①・113)及び発行可能種類株式総数(会社法101①三・108②柱書)の双方の範囲内とすることが必要である。これらを超過して種類株式が発行された場合の効力については、下記8(2)を参照。

(注3)「払込金額」とは、募集株式1株と引換えに払い込む金銭又は給付する金銭以外の財産の額をいう(会社法199①二)。スタートアップ企業が資金調達のため新株を発行する場合は、募集事項として、(その算定方法ではなく)払込金額を定めるのが一般的である。

(注4) いわゆる現物出資。スタートアップ企業が資金調達のため新株を発行する場合に、現物出資が行われるケースは稀有である。

(注5) 払込みが1回で完了する場合には、払込期日を特定することで足りる。スタートアップ企業投資の実務においても、払込期日を特定する例が多い。

(注6) スタートアップ企業が新株を発行する場合、増加する資本金及び資本準備金の額(上記⑤)は、それぞれ、株主となる者が会社に対して払込み又は給付をした財産の額(資本金等増加限度額)の2分の1とするのが一般的である(会社法445①～③、会社計規13①)。増加する資本金の額を抑えることで、登録免許税(申請1件につき、増加した資本金の額の1,000分の7(これによって計算した税額が3万円に満たないときは3万円)(登法別表第一24号(一)ニ))を軽減することが主たる目的である。

---

(43) 松井信憲『商業登記ハンドブック〔第4版〕』(商事法務、令和3年)269頁。

⑶　募集事項の決定

スタートアップ企業のような非公開会社（全部の株式について譲渡制限を定める会社）において募集株式を発行する場合、募集事項は、原則として、株主総会の特別決議により決定する必要がある（会社法199②・309②五）。但し、株主総会の特別決議により、募集株式の種類及び数の上限、並びに払込金額の下限を定めることにより、募集事項の決定を取締役（取締役会設置会社にあっては、取締役会）に委任することができる（会社法200①・309②五）。特別決議が必要とされるのは、非公開会社の株主は、通常、経営支配権に関わる持株比率（議決権比率）に強い関心を持っていることから、既存株主の持株比率を維持する利益を保護するためである。

スタートアップ企業において募集事項を決定する場合、募集株式の発行が、いわゆる有利発行に当たらないかという点については注意が必要である。

有利発行とは、株主割当て以外の方法（公募・第三者割当て）で募集株式の発行等を行う場合で、１株の払込金額が引受人に「特に有利な金額」（会社法199③）である場合をいう。有利発行を行うと、既存株主が持つ株式の１株当たりの金額が薄められ（希釈化）、株主が経済的損失を被ることとなる。そのため、取締役は、当該払込金額でその者の募集をする理由を説明しなければならない（会社法199③）。この説明を怠ると、取締役は任務懈怠責任（会社法423①）を問われ得る⑷⑷。

「特に有利」な払込金額とは、株式の公正な価額に比べて特に低い金額をいう⑷⑸。スタートアップ企業が優先株式を用いて資金調達をする場合は、そ

⑷⑷　公開会社の場合、株主は、純粋な投資目的で株式を保有することが多く、通常は、議決権比率の維持に強い関心を持たないと考えられる。そのため、公開会社においては、原則として、取締役会により、募集事項の決定を行えば足りる（会社法201①・199②）。但し、有利発行に当たる場合は、公開会社の場合も、既存株主が希釈化による経済的損失を被るおそれがある。そのため、有利発行に当たる場合は、公開会社においても、株主総会の特別決議により募集事項の決定を行う必要が生じることとなる（会社法201①・199③）。

⑷⑸　東京地決平成16年６月１日判時1873号159頁参照。

の払込価額が「特に有利」な金額でないか、注意を払う必要がある。

もっとも、優先株式の公正な価値の算定方法についても様々な考え方がありえ（種類株式の評価については、下記02の1(1)参照）、有利発行に関する会社法の解釈も、必ずしも明確ではない。これらの事情から、決定した払込金額が「特に有利な金額」であるとされる可能性を完全には否定できない場合もある。

そのため、スタートアップ企業が優先株式を発行する場合、それが有利発行に当たる可能性があることを前提に手続を進める例もある。具体的には、①募集事項の決定を行う株主総会を招集するにあたって、取締役会において、有利発行に当たる可能性があることを前提に、その議案の概要を決定し（会社法298①五・同④、会社規63七ホ）、これを株主総会の招集通知に記載・記録する（会社法299④）、②当該株主総会において、取締役が、有利発行に当たる可能性がある旨を説明する、かつ、③当該株主総会の議事録にも、そのような可能性がある旨の説明がなされたことを記載する、などである。

このように、会社法上、有利発行に該当する可能性があると整理して手続を進めた場合であっても、あくまで可能性に留まることから、会社法上、有利発行の手続を行ったことをもって直ちに税務上有利発行の問題が生じるということにはならない。

(4) 種類株主総会（譲渡制限株式の発行等）

スタートアップ企業が優先株式を発行する場合、上記(3)の募集事項の決定決議に加えて、種類株主総会が必要となることが多い。種類株主総会決議が必要となるのは、次の２つの場合である。

第１に、募集株式の種類が譲渡制限株式（会社法２十七）である場合である。この場合、当該種類の株式の種類株主を構成員とする種類株主総会の特別決議がなければ、原則として、募集事項の決定の効力が生じない（会社法199④・324②二）。例えば、譲渡制限のあるA種優先株式を発行した後、追加で譲渡制限のあるA種優先株式を発行する場合には、A種優先株主の種類株主総会の特別決議が必要となるのが原則となる。このような規定が定められている理由は、譲渡制限株式の株主は、通常、経営支配権に関わる持株比率（議決権比率）の維持に関心を持っていると考えられるためである。

但し、例外的に、①種類株主総会において議決権を行使することができる種類株主が存在しない場合(46)、②定款に種類株主総会の決議を要しない旨の定めがある場合には、かかる種類株主総会の決議は不要となる（会社法199④)。また、③株主割当てによる場合も、割当てを受ける権利が株主の持株割合に応じて平等に割り当てられるため、当該種類株主総会の決議は不要である（会社法202⑤。但し、次の段落に記載の種類株主総会が必要となる場合がある)。スタートアップ企業投資の実務においては、手続的な負担を軽減するため、定款に、上記②の定めを置くことも多い。

第２に、種類株式発行会社において、株主割当てによりある種類の株式の種類株主に損害を及ぼすおそれがある場合である（会社法322①四)。この場合も、原則として、当該種類の株式の種類株主を構成員とする種類株主総会の特別決議が必要となる（会社法324②四)。例えば、会社が、１株当たり20円の優先配当を受けられるA種優先株式100万株と、普通株式100万株を発行している場合、A種優先株式をA種優先株主に対してのみ、株主割当てにより50万株を追加で発行するとする。この追加発行後、A種優先株主は、合計して、追加で1,000万円（＝50万株×20円）の優先配当を受けられることになる。その分、普通株主としては、配当を受けられる権利が希薄化し、それにより損害を被るおそれがある。そのため、上記のような株主割当てに際しては、普通株式の種類株主総会の特別決議が必要となる。

但し、例外的に、定款に種類株主総会の決議を要しない旨の定めがある場合には、かかる種類株主総会の決議は不要となる（会社法322②・③)。

「損害を及ぼすおそれ」の意義、及び当該定款の定めを置いた場合におけ

---

(46) 払込期日時点で当該種類株式を発行していない場合や、当該種類株式のすべてが自己株式である場合など。

る反対株主の株式買取請求権については、下記10(1)を参照されたい。

(5) 引受人の確定

株式会社が募集株式を発行するためには、引受人を確定しなければならない。

会社法上は、原則として、以下のような方法により引受人の確定が行われる。

① 株式会社が、引受けの申込みをしようとする者に対し、所定の事項（募集事項、株式の内容等）を通知する（会社法203①） ② 引受けの申込みをする者（申込者）が、書面により申し込む（会社法203②。なお会社法203③も参照） ③ 株式会社が、どの申込者に何株を引き受けさせるかを決定する（割当て。会社法204①） ④ 株式会社が、払込期日（又は払込期間の初日）の前日までに、割当てを受ける者に対し、割り当てる株式の数を通知する（会社法204③）

これに対し、スタートアップ企業が募集株式を発行する場合（第三者割当ての方法により募集株式を発行する場合）、実務上は、上記の原則的な方法ではなく、総数引受契約という別の方法により引受人を確定させるのが通常である。総数引受契約とは、募集株式を引き受けようとする者が、募集株式の総数を引き受けるため会社との間で締結する契約である。

総数引受契約を締結する方法を用いる場合のメリットの１つは、上記①から④までの手続が不要となる点である（会社法205①）。総数引受契約を締結する場合には、申込み（上記②に相当）とそれに対する承諾（上記④に相当）があることから、上記①から④までの手続を省略することができる。これらの手続を省略することにより、募集株式を発行するまでの期間を短縮することができる。

上記の原則的な方法による場合は、申込者に対する割当ての通知（上記④）を払込期日（又は払込期間の初日）の前日までに行う必要がある（会社法204③）。そのため、新株の発行が完了するのは、最速でも、募集事項の決定をした日の翌日となる。これに対して、総数引受契約を用いる場合には、割当ての通知を省略することができる。したがって、総数引受契約を用いることで、募集事項の決定の日を払込期日とし、その日中に募集株式の発行を完了することが可能となる。

総数引受契約については、（募集事項の決定をするのとは別に）株主総会や取締役会の決議によって承認を得る必要がないのが原則である。但し、募集株式が譲渡制限株式である場合、会社は、取締役会の決議（取締役会設置会社でない場合は、株主総会の特別決議）によって、総数引受契約の承認を受けなければならない（会社法205②・309②五）(47)。スタートアップ企業が資金調達のため発行する新株は、通常、譲渡制限株式である。そのため、かかる新株発行に際しては、上記の定めにしたがって、総数引受契約の承認を受ける必要がある。取締役会設置会社でない場合は、募集事項の決定を行う株主総会（但し、定款に別段の定めを設けることは可能であり（会社法205②但書）、実務的にも取締役を総数引受契約の承認権者と定めることが行われている）において、取締役会設置会社である場合は、当該株主総会の招集を決定する取締役会において、それぞれ承認決議を行うのが通常である）。

総数引受契約は、契約書が１通であることや契約当事者が１人であることは必要とされていない。会社が複数の契約書で複数の当事者との間で契約を締結する場合であっても、「実質的に同一の機会に一体的な契約で募集株式の総数の引受けが行われたものと評価しうる」場合は総数引受契約と解され

---

(47) 募集株式が譲渡制限株式である場合に、募集株式の割当てを受ける者の決定時（上記③）に適用される規律（会社法204②）と同様の規律が適用されている。上記の総数引受契約の承認手続は、定款の定めにより省略することが可能である（会社法205②）。

ている[48]。具体的には、会社及び複数の引受人の全員が１通の契約書に記名押印する方法や、契約書を引受人ごとに複数に分けるとしても、当該契約書中に同時に株式を引き受ける他の者の氏名又は名称を記載する方法がこれに該当する[49]。

なお、総数引受契約の無効を理由として募集株式発行が不存在であると判断した近時の裁判例として、大阪高判令和３年11月11日金判1665号37頁がある。

⑹　出資の履行・効力の発生等

募集株式の引受人は、所定の払込期日又は払込期間内に、募集株式の払込金額の全額を払い込まなければならない（会社法208①）。引受人が出資の履行をすると、払込期日を定めた場合は当該期日に、払込期間を定めた場合は出資の履行をした日に株主となる（会社法209）。引受人が出資の履行をしない場合、法律上当然に、募集株式の株主となる権利を失う（当然失権。会社法208⑤）。

株式会社が募集株式の発行をした場合、登記事項である資本金の額（会社法911③五）、並びに発行済株式総数及び発行済種類株式総数（会社法911③九）が増加するため、その旨の変更登記を行う（会社法915①）。

6　既存株式の内容を変更する場合

スタートアップ企業は、株式の内容を新規に追加することに代えて、すでに発行している種類株式の内容を事後的に変更することがある。その主なメリットとしては、株式の内容を新規に追加して発行する場合と異なり、登録免許税（上記参照）を節約できること、バリュエーションが不要となること、

⑷⑻　論点解説208頁。

⑷⑼　松井信憲『商業登記ハンドブック〔第４版〕』（商事法務、令和３年）292頁。

といった点を挙げられる。

既発行の種類株式の内容の変更は、定款変更により行うことができる(50)。定款変更は、株主総会の特別決議により行う（会社法466・309②十一）。

すでに種類株式を発行しているスタートアップ企業が、既存の種類株式(例えば、A種優先株式）の内容を変更することにより、ある種類の株式の種類株主（例えば、普通株主）に損害を及ぼすおそれがあるときは、その種類株主（普通株主）で構成する種類株主総会の特別決議が必要となる（会社法322①一ロ・324②四)。但し、すでに発行されている株式の権利内容に特に重大な変更を加える場合、さらに、下表のような特殊な手続が必要となる。

特殊な手続が必要となる場合	手続の概要
譲渡制限の定め（会社法108①四）を設ける場合	次に掲げる種類株主を構成員とする種類株主総会の特殊決議（会社法111②・324③一）(51)。反対株主は、株式買取請求権を有する（会社法116①二） •当該種類の株式の種類株主 •当該種類の株式を対価とする取得請求の定めがある株式の種類株主 •当該種類の株式を対価とする取得条項の定めがある株式の種類株主
取得条項（会社法108①六）の定めを設ける場合又は取得条項の内容について変更をする場合	取得条項の定めを設け又は取得条項の内容を変更する種類株式の種類株主全員の同意（会社法111①）(52)。

---

(50) 論点解説56頁。

(51) 定款の定めを「設ける場合」の手続であるため、かかる定めを設けた後に、その内容を変更する場合は、種類株主総会決議は不要である。全部取得条項の定めの内容を変更する場合も同じである。

全部取得条項の定め（会社法108①七）を設ける場合(53)	次に掲げる種類株主を構成員とする種類株主総会の特別決議（会社法111②・324②一）。反対株主は、株式買取請求権を有する（会社法116①二）。 • 当該種類の株式の種類株主 • 当該種類の株式を対価とする取得請求の定めがある株式の種類株主 • 当該種類の株式を対価とする取得条項の定めがある株式の種類株主
特定の株主の株式を取得する場合における売主追加の議案変更請求権（タグ・アロング規制）を排除する定めを設け又はその定めを変更する場合（会社法164①・160②・③）	当該請求権を排除する定めを設け又はその定めを変更する種類株式の種類株主全員の同意（会社法164②。定款を廃止する場合は不要）
種類株主総会を排除する旨の定め（会社法322②）を設ける場合	種類株主総会を排除する旨の定めを設ける種類株主の全員の同意（会社法322④）

すでに発行している同一種類の株式のうち一部についてのみ、内容を変更

---

(52) 商業登記との関係で、取得条項の内容の変更がおよそ株主としての地位が奪われる可能性やその度合いを増加させるものでないときは、会社法第111条第1項に定める株主全員の同意の取得を要しないが、当該種類株式の株主が取得の対価として交付を受けるべき財産の種類等に変更が生ずる場合は、特定の種類株主に経済的な損害を及ぼすおそれがないとはいえないため、当該種類株主の種類株主総会の決議を要するとした先例がある（平成20年3月21日付法務省民商第989号民事局商事課長回答（登記研究725号131頁以下））。他方、取得条項を廃止する場合は、株主全員の同意は不要である。但し、この場合も、ある種類の株式の種類株主に損害を及ぼすおそれがあるときは、当該種類株主を構成員とする種類株主総会が必要となる（会社法322①一ロ）。

(53) 取得条項の定めを設ける場合の手続と差異がある理由について、田中90頁は、その種類の株式全部が平等の条件で取得されることになる全部取得条項付株式（会社法171②参照）と異なり、取得条項付株式は、一部の株式の取得も認められる結果（会社法108②六イ・107②三ハ）、当該種類の株主間でも異なる取扱いがされる場合があるため、より厳しい規制が課されていると理解し得ると説明する。

することも可能である。例えば、普通株式のみを発行している会社が発行済株式の一部を優先株式に変更する場合などに、そのニーズがある。

この場合は、①定款変更のための株主総会の特別決議（新たな種類株式の定めを設ける場合）、及び②種類株主総会の特別決議（損害を及ぼすおそれのある種類株式がある場合）に加えて、③保有する種類株式の内容が変更される各株主（例えばA種優先株式を保有する株主A１）の同意が必要である。さらに、④種類株式の内容が変更される株主と同一の種類株式を保有する他の株主（例えばA種優先株式を保有する株主A１以外の株主）については、紛争防止の観点から、その同意を得るように努めるべきであるとされる(54)。当該他の株主については、その株式の内容が変更されないとしても、不利益が全くないといえるかどうかは微妙であるためである。実務上も、当該他の株主全員から同意を得ることが通常である。

種類株式の内容は登記事項であるため（会社法911③七)、種類株主の内容を変更した場合には、その旨の変更登記も必要となる（会社法915①)。

7　種類株式の発行時に締結される契約—投資契約・株主間契約・財産分配契約

(1)　種類株式の発行時に締結される契約の分類

スタートアップ企業が優先株式を用いて資金調達をする場合、これまでに述べた法律上の手続とは別に、株式を引き受ける条件を定める契約や、株主としての権利関係を定める契約を結ぶことが多い。

具体的な例としては、下図の３つの契約（以下、総称して「投資契約等」という）が挙げられる(55)。スタートアップ企業投資において投資契約等が全て締結されるとは限らないが、参考までに紹介する。

---

(54)　以上につき、松井信憲『商業登記ハンドブック（第４版)』(商事法務、令和２年）250頁以下。

投資契約等

投資契約	株主間契約	財産分配契約
投資家が株式を取得する際の投資実行条件を中心に定めた契約 【契約当事者】 発行会社 創業株主 投資家 【主な内容】 ①発行概要 ②払込条件 【一般的な名称】 投資契約書 株式引受契約書 社債引受契約書 株式譲渡契約書	投資実行後の主要な投資家と発行会社及び創業株主との権利義務等を取り決めた契約 【契約当事者】 発行会社 創業株主 主要投資家（VC等） 【主な内容】 ①会社経営に関する事項 ②情報開示に関する事項 ③投資家のExitに関する事項 【一般的な名称】 株主間契約書	経営支配権の変更が伴うようなM&AによるExitに関する事項を取り決めた契約 【契約当事者】 発行会社 創業株主 全株主 【主な内容】 ①同時売却請求権に関する事項 ②みなし清算に関する事項 【一般的な名称】 財産分配契約書 買収にかかる株主分配等に関する合意書 株主間における合意書

上記５⑸で述べたとおり、投資家が募集株式の総数を引き受ける場合、株式会社は、投資家との間で総数引受契約を締結することで、募集株式を発行するまでの期間を短縮することができる。会社法上は、投資契約が総数引受契約の性質を兼ねることも可能である。投資家が募集株式の総数を引き受ける場合であっても、必ずしも２つの契約を別々に作成する必要はない。両者を別々に作成しない場合、募集株式の発行による変更登記の申請に際しては、「会社法第205条第１項の契約を証する書面」（商業登記法56一）として、投資契約を添付することとなる。

---

(55)　一般社団法人日本ベンチャーキャピタル協会・みずほ情報総研株式会社「我が国における健全なベンチャー投資に係る契約の主たる留意事項」（令和４年３月31日最終改訂）11頁より引用。

もっとも、登記簿の附属書類については、利害関係を有する者であれば閲覧をすることができる（商業登記法11の２）。投資契約には、投資条件などが細かく記載されていることから、通常は、スタートアップ企業・投資家のいずれも、第三者により投資契約が閲覧される事態を望まない。そこで、実務上は、変更登記の申請に際して、別途締結した総数引受契約を添付するという対応をとることも多い。その場合、投資契約においては、募集株式の発行日（投資の実行日）に、必要最低限の事項を記載した総数引受契約を締結する旨が規定される。

(2) 種類株式の内容との関係性

本書は、非上場株式の取引について解説するものであることから、投資契約等の中身には深く立ち入らないが、投資契約等による場合と、種類株式による場合との相違については、２つのパターンに分けて、以下のように説明できる。

第１に、会社法108条１項各号が定める内容以外のものを定めるパターンである。会社法108条１項各号は限定列挙であって、種類株式は、同項各号に定める内容以外のものを自由に規定することはできないと解されている。そのため、会社法108条１項各号に規定されている内容以外の株主の権利を取り決めたい場合には、投資契約等を通じて実現する必要がある。例えば、取締役会にオブザーバーを派遣する権利、四半期決算について報告を受ける権利、いわゆるタグ・アロング(56)、ドラッグ・アロング(57)といった権利などを定める場合である。

---

(56) ある当事者が第三者に対して株式を譲渡しようとする場合において、他の当事者が、自らが保有する株式も（同一条件にて）当該第三者に対して譲渡することを要求できる権利である。売却参加（請求）権と呼ばれることもある。

(57) ある当事者が第三者に対して株式を譲渡しようとする場合において、他の当事者に対して、当該他の当事者が保有する株式を（同一条件にて）当該第三者に対して譲渡することを要求できる権利である。強制売却(請求)権と呼ばれることもある。

第２に、会社法108条１項各号が定める内容のものを定めるパターンである。この内容は、種類株式によっても、投資契約等によっても実現可能である。例えば、拒否権については、種類株式の内容として定めてもよいし、投資契約等における事前承諾事由として定めてもよい(両者の違いについては、上記３(4)及びそのコラムを参照)。

8　募集株式の発行の差止め、新株発行の無効・不存在の確認の訴え

募集株式の発行に瑕疵がある場合、募集株式の発行が差し止められたり、募集株式の発行等が無効・不存在であるとしてその効力が争われたりするおそれがある。但し、種類株式を発行するからといって、その手続が複雑化することはほとんどない。そのため、本書では、募集株式の発行の差止め（下記(1))、新株発行の無効の訴え（下記(2))、新株発行の不存在の確認の訴え（下記(3)）について、それぞれごく簡単に解説するに留めることとする。

(1)　募集株式の発行の差止め

(i) 株式の発行が法令若しくは定款に違反する場合、又は (ii) 株式の発行が著しく不公正な方法により行われる場合で、株主がこれによって不利益を受けるおそれがあるときは、株主は、募集株式の発行をやめることを請求することができる（会社法210)。

差止事由となる法令違反は、会社が遵守すべき「法令」に違反した場合を指すものと解されている。募集株式の発行の差止請求権は、株主が会社を名宛人として行使するものであるためである。法令違反の例としては、募集事項の決定が法定の機関によって行われていないことなどが挙げられる。善管注意義務（会社法330、民法644）・忠実義務（会社法355）は、会社ではなく取締役等を名宛人とするものであるから、これらの義務違反があることは、差止事由となる法令違反には当たらないと解されている。

定款違反の例としては、発行する募集株式の総数が、定款所定の発行可能株式総数や発行可能種類株式総数を超過する場合などが挙げられる(58)。

「著しく不公正な方法」による発行（不公正発行）とは、不当な目的を達成する手段として募集株式の発行が利用される場合をいう。会社支配の帰属をめぐる争いがあるときに、取締役が議決権の過半数を維持・争奪する目的や、反対派の少数株主権を排斥する目的をもって株式の発行を行う場合が不公正発行の代表的な事例である。

新株予約権の発行に無効原因がある場合や、新株予約権の発行に差止事由がありながら、その差止めの機会が株主に十分に保障されていなかった場合には、当該新株予約権の行使に応じて行われる新株の発行についても差止めが認められ得る（会社法210の準用又は類推適用）(59)。

差止請求権は、募集株式の発行の効力が生じる時点（引受人が株主となる時点。会社法209参照）まで行使することができる。もっとも、株主が訴訟によって差止請求をした場合、判決確定までに募集株式の発行の効力が生じてしまい、その訴えの利益が失われてしまう可能性が高い。そのため、株主は、民事保全法23条２項（仮の地位を定める仮処分）に基づき、差止めの仮処分を行うのが通常であり、実務上は、これによって実質的な勝敗が決まる(60)。

(2) 新株発行の無効の訴え

株式会社の成立後における株式の発行（新株発行）の無効は、訴えをもってのみ、主張することができる（会社法828①二）。この訴えを、新株発行の無効の訴えという。

新株発行の無効の訴えを提起することができる者は、当該会社の株主、取

(58) 発行可能株式総数を超過して募集株式を発行した事例として、福岡地決平成12年７月14日判タ1063号183頁。

(59) 名古屋地一宮支決令和２年12月24日資料版商事法務446号102頁。

(60) 門口正人編『新・裁判実務大系第11巻 会社訴訟・商事仮処分・商事非訟』（青林書院、平成13年）252頁〔古閑裕二〕。

締役、監査役などに限られる（会社法828②二）。また、この訴えを提起することができる期間は、スタートアップ企業などの非公開会社においては、新株発行の効力発生日から１年以内に限られている（公開会社においては６か月以内）。

このように、新株発行の無効を、一定の者が、一定期間内に、訴えをもってのみ主張することができるとしたのは、法律関係の安定を図るためである。

法律関係の安定・画一的確定を図るため、無効判決の効果は、将来に向かってのみ効力を生じ（将来効。会社法839）、また、訴訟の当事者以外の第三者に対してもその効力を有する（対世効。会社法838）。

新株発行が無効になる場合（無効原因）は、新株発行に特に重大な瑕疵がある場合に限られると解される。新株発行が事後的に無効とされると、法律関係の安定や取引の安全を害するおそれがあるためである。

新株発行につき無効原因が認められる例としては、発行可能株式総数又は発行可能種類株式総数を超過した場合(61)、新株発行差止の仮処分（会社法210、民事保全法23②）に違反した場合(62)、非公開会社において株主総会の特別決議を経なかった場合(63)などを挙げることができる。

発行可能株式総数又は発行可能種類株式総数を超えて、(i) 取得請求権付種類株式、(ii) 取得条項付種類株式又は (iii) 新株予約権の対価である種類株式を発行した場合にも、新株発行の無効原因となると解される。但し、これら募集株式の発行以外の株式の発行（「特殊の新株発行」とも呼ばれる）が、新株発行の無効の訴え（会社法828①二）の対象になるかどうかは議論がある（特に (i) 及び (iii)）(64)。

発行可能株式総数又は発行可能種類株式総数を超過して種類株式が発行さ

---

(61) 発行可能株式総数を超過して募集株式を発行した事例として、東京地判昭和31年６月13日下民７巻６号1550頁。なお、発行可能株式総数を超過して新株を発行した取締役らには、刑事罰に処せられる（会社法966。発行可能種類株式総数を超過するだけでは、同条の適用はない）。

(62) 最判平成５年12月16日民集47巻10号5423頁。

(63) 最判平成24年４月24日民集66巻６号2908頁。

れた場合、超過する部分が違法に発行されたこととなるが、新たに発行された種類株式のうち、どの株式が違法に発行されたものであるかを確定できない。そのため、この場合、当該種類株式の発行は一体として無効になるものと解される(65)。

新株の発行を拒否権の対象とする拒否権付種類株式が発行されている場合で、その種類株主総会決議がなされないまま新株の発行が行われると、その効力は生じない（会社法323本文)。新株の発行については、会社法で定められた無効の訴えをもってのみ無効が主張できるとされている以上、この場合の新株の発行の効力を争う場合も、新株発行の無効の訴えによる必要がある(66)。

(3) 新株発行の不存在の確認の訴え

募集株式の発行の実体が不存在である場合、新株発行の無効の訴えによらずに、いつでも、どのような方法でも、その不存在を主張することができる。もっとも、新株の発行が不存在であるか否かについて争いがある場合、これを画一的に確定できるようにするため、会社法は、新株発行の不存在の確認の訴えの制度（会社法829一）を設けている。この訴えを認容する確定判決には、新株発行の無効確認の訴えと同様に、対世効がある（会社法838)。

もっとも、新株発行の無効の訴えと異なり、新株発行の不存在の確認の訴えを提起することができる者の範囲（原告適格）は法定されていない。しかし、確認の訴えの一般原則により、新株発行の不存在の確認の訴えを求める

---

(64) 以上につき、江頭742頁、山下友信編『会社法コンメンタール３－株式（１）』（商事法務、平成25年）190頁〔山下友信〕、岩原紳作編『会社法コンメンタール19－外国会社・雑則（１）』（商事法務、令和３年）142頁以下〔舩津浩司〕を参照。

(65) 発行可能株式総数を超過する新株発行の効力につき、岩原紳作編『会社法コンメンタール19－外国会社・雑則（１）』（商事法務、令和３年）〔舩津浩司〕128頁。

(66) 奥島孝康ほか『新基本法コンメンタール会社法２（第２版)』（日本評論社、平成28年）67頁〔小出篤〕。

法律上の利益（確認の利益）が認められる必要がある。確認の利益が認められる者は、基本的には、新株発行の無効の訴えにおいて原告となることができる者（株主、取締役、監査役など）と同じであると解される[67]。

どのような場合に新株の発行が不存在となるかについては、明確な最高裁判例はない。旧商法下においては、①新株の発行の実体が存在しない場合のほか（物理的不存在）、②手続的・実体的な瑕疵が著しいため新株の発行が不存在であると評価できない場合（法的不存在）も含まれるとすると判示した裁判例がある[68]。総数引受契約の無効を理由として募集株式発行が不存在であると判断した近時の裁判例（大阪高判令和３年11月11日金判1665号37頁）の立場も、上記の旧商法下の裁判例の見解と親和的である。

9　金商法上のポイント

(1)　発行開示規制の概要

スタートアップ企業が新株発行を行う場合、ここまで解説してきたような会社法上のポイントのほか、金商法に基づく発行開示規制についても注意をする必要がある。具体的には、有価証券届出書の提出が必要となる可能性がある点に注意が必要である。

仮に、有価証券届出書の提出義務が課されると、当該有価証券届出書の提出のみならず、発行会社はそれ以後、有価証券報告書等を継続して提出する必要があるため（継続開示義務。金商法24①三）、有価証券報告書等の作成に要する事務負担も考慮すると、実務上は、有価証券届出書の提出義務を負わない設計とすることが必要不可欠となる。

金商法上、「有価証券の募集……は、発行者が当該有価証券の募集……に

---

(67)　東京地方裁判所商事研究会『類型別会社訴訟II（第３版）』（判例タイムズ社、平成23年）622頁。

(68)　東京高判昭和61年８月21日判タ627号204頁。同種の見解を示す有力な学説として、久保田安彦『企業金融と会社法・資本市場規制』（有斐閣、平成27年）189～191頁、田中543、544頁。

関し内閣総理大臣に届出をしているものでなければ、することができない」とされる（金商法4①)。金商法上、株式（種類株式を含む）は「有価証券」（第1項有価証券。金商法2①）であることは明文で規定されているため、実務上、よく問題となるのは、どのような行為が「募集」に当たるかである。金商法上、「募集」に該当するかどうかは、その会社が有価証券報告書の提出義務（継続開示義務）を負っているかどうかで大きく異なるが、スタートアップ企業が継続開示義務を負っているのは稀である。そのため、以下では、継続開示義務を負っていない場合を念頭において、その要点を簡単に解説する。

(2) 有価証券の募集

まず、有価証券の「募集」とは、新たに発行される有価証券の取得の申込みの勧誘をいう（金商法2③)。但し、継続開示義務がない会社では、(i) 少人数私募、(ii) プロ私募、又は (iii) 特定投資家私募のいずれかに該当する場合には、「募集」に該当しない（金商法2③二)。このうち、(ii) プロ私募及び (iii) 特定投資家私募は、金融機関や上場会社などの一定の要件を満たした投資家（適格機関投資家や特定投資家と呼ばれる）のみに対して取得勧誘を行うことをいう。但し、スタートアップ企業が種類株式を発行するにあたって、プロ私募や特定投資家私募を行うことは必ずしも一般的ではない。

そのため、スタートアップ企業実務において重要な例外規定は、(i) の少人数私募である。大まかにいえば、取得勧誘の相手方が過去3か月(69)を通算して50名未満であれば（金商法2③二ハ、金商令1の6)、少人数私募に当たり、「募集」には該当しないこととなる。

実務上悩ましいのは、どのような行為が有価証券の取得の申込みの「勧誘」

---

(69) 令和4年に金商法施行令が改正され、通算期間が6か月から3か月に短縮された。これにより、スタートアップ企業も、短いスパンでより多くの投資家に声がけを行うことが可能になり、より機動的な資金調達を行うことができるようになった。

に当たるかという点である。法令上、定義規定はないため、明確な線引きは難しく、ケース・バイ・ケースの判断とならざるを得ない。実務上は、スタートアップ企業が取得勧誘（有価証券の募集）に該当する行為を行わないように、「企業内容等の開示に関する留意事項について」（企業内容等開示ガイドライン）の「B基本ガイドライン」4－1（募集又は売出行為)、2－12（取得勧誘又は売付け勧誘等に該当しない行為）などを参照しながら、投資家に対する声がけが行われる。

(3) 有価証券届出書の提出義務の例外

スタートアップ企業が新株の「募集」をした場合、原則として、有価証券届出書の提出義務を負う。但し、その発行価額が、１億円未満である場合には、例外的に提出義務が免除される（少額免除。金商法4①五）(70)。少額免除が認められるかどうかは、１回当たりの発行価額ではなく、過去１年間に募集した同種の有価証券の発行価額を通算して判断される（開示府令2⑤)。

そのため、スタートアップ企業が新株の募集をする場合には、この少額免除の適用を受けられるように、発行価額を調整しなければならない。但し、少額免除の適用を受けられたとしても、その発行価額が1,000万円を超えると、有価証券通知書の提出義務を負う（金商法4⑥、開示府令4⑤)。有価証券通知書は、有価証券報告書と比べると容易に作成・提出することが可能であるが、スタートアップ企業にとっては慣れない業務であることは変わりないため、提出義務を負わないことに越したことはない。その意味では、実務上は、日頃から募集行為に該当する行為を行わないように注意することが重要である。

---

(70) なお、新株予約権を募集する場合も、有価証券届出書の提出義務を負うが、一定の要件を満たしたストックオプションの募集であれば、例外的に有価証券届出書の提出義務が免除される（下記**第２部**第２章02の３参照)。

10　発行後のポイント―種類株主総会

(1)　種類株主総会が必要な場合

種類株式を発行した場合、通常の株主総会とは別に、種類株主総会を開催する必要が生じることがある。種類株主総会とは、ある種類の株式の種類株主を構成員とする総会（会議体）である（会社法２十四)。

種類株主総会の決議は、大きく次の２つの場合に必要となる。種類株主間の利害関係の調整のため、法律の定めに基づいて行われる場合（法定種類株主総会）と、定款の定めに基づいて行われる場合（任意種類株主総会）である（会社法321)。後者の例としては、拒否権付種類株式（上記３(4)）の種類株主総会（普通決議。会社法108①八・323）や、役員選任権付種類株式の種類株主総会(監査役の解任時のみ特別決議。会社法108①九・347・329①・339①・341・324②五）を挙げることができる。

前者の法定種類株主総会の決議事項は、下表のとおりである。

種類株主総会の決議事項

決議事項	決議要件	根拠条文
①　一定の行為により、ある種類の種類株主に損害を及ぼすおそれがある場合	特別決議	322①・324②四
②　種類株式に譲渡制限を付す場合における定款変更	特殊決議	111②一・324③一
③　種類株式に全部取得条項を付す場合における定款変更(71)	特別決議	111②一・324②一

(71)　種類株式に取得条項を付す場合における定款変更をする場合は、当該種類株主全員の同意が必要である（会社法111①)。

④	譲渡制限株式の募集事項の決定又はその委任	特別決議	199④・200④・324②二
⑤	譲渡制限株式を目的とする新株予約権の募集事項の決定又はその委任	特別決議	238④・239④・324②三
⑥	消滅会社等（種類株式発行会社）のある種類の株主が、合併対価等として、譲渡制限株式等の交付を受けることとなる合併契約等の承認	特殊決議	783③・804③・324③二
⑦	存続会社等（種類株式発行会社）が、消滅会社等の株主に対して譲渡制限株式を交付することとなる合併契約等の承認	特別決議	795④・816の３・324②六・七

上表の法定種類株主総会の決議事項は、次の３つの場合に分けることができる。

第１に、種類株式発行会社が、一定の定款変更、株式の併合・分割、合併など、会社法322条１項に列挙される行為をする場合で、ある種類の株式の種類株主に損害を及ぼすおそれがあるときである（上表①）。この場合、当該種類の株式の種類株主総会の特別決議による承認がなければ、その行為の効力は生じない（会社法322①・324②四）。

この種類株主総会の特別決議が必要になる例として、例えば、定款変更をして、B種種類株式を新たに追加しようとする場合を挙げられる。この場合、定款変更に必要な株主総会の特別決議（会社法466・309②十一）に加えて、損害を及ぼすおそれのある種類株式の種類株主総会の特別決議により承認を得ることが必要となる。B種種類株式が既存の種類株式（A種種類株式）よりも優先性の高い優先配当権付種類株式である場合は、B種種類株式を追加することで、A種種類株式や普通株式の配当を受ける権利がそれぞれ希薄化することとなる。そのため、この場合は、損害を及ぼすおそれのあるA種種類株式と普通株式の種類株主総会を開催する必要がある（優先株式の発行時に要する種類株主総会に関しては、上記5(4)も参照)。

会社法322条1項に列挙される行為は、下表のとおりである(各行為に関し定款で種類株主総会を排除することの可否については、下記(2)参照)。

会社法322条1項に規定される種類株主総会の決議事項

	種類株主総会の決議が必要とされる行為	定款で種類株主総会を排除すること
1号	定款の変更 ・株式の種類の追加 ・株式の内容の変更 ・発行可能株式総数又は発行可能種類株式総数の増加	×
1号の2	特別支配株式の株式売渡請求の承認	○
2号	株式の併合・分割	○
3号	株式無償割当て	○
4号	株主割当てによる株式引受人の募集	○
5号	株主割当てによる新株予約権引受人の募集	○
6号	新株予約権無償割当て	○
7～14号	合併、吸収分割、新設分割、株式交換、株式移転、株式交付	○

「損害を及ぼすおそれ」の意義については争いがある(72)。有力な見解によれば、「ある種類の株主の割合的権利が抽象的な権利としてみて変更前よりも不利益となる場合」をいい、何らかの具体的実損害の生ずることまでは必

(72) 岩原紳作編『会社法コンメンタール 7—機関)』(商事法務、平成25年)337頁以下〔山下友信〕。

要ないとされる[73]。また、ある種類株主が有利になるか不利になるか一義的に決められない場合も種類株主総会が必要であるし、どの種類株主が不利益を受けるか直ちに分からない場合には全ての種類株主について種類株主総会の決議が必要であると解する見解もある[74]。どのような場合に種類株主に対し「損害を及ぼすおそれ」が認められるのかは、個別具体的な判断によらざるを得ず、その判断が難しいことも多い。

また、会社法322条1項各号に該当する行為をする場合には、種類株主総会の決議がなければ、その効力を生じない。事後的に当該行為が無効であることが発覚した場合には、その後に積み重ねられた行為も無効であると判断されるおそれもある。会社運営に与える影響は大きい。

これらの事情を踏まえ、実務上は、保守的に広く種類株主総会の決議を行うことが多い。

第2に、すでに発行されている株式につき、その権利の内容に特に重大な変更を加える場合である（上表・種類株主総会の決議事項②～③）。これについては、既に述べた（上記6）。

第3に、譲渡制限株式を発行等する場合である（上表・種類株主総会の決議事項④～⑦）。

(2) 種類株主総会の決議を要しない旨の定款の定め

上記(1)のとおり、種類株式発行会社が一定の行為を行う場合で、種類株主に損害を及ぼすおそれがあるときには、当該種類株式に係る種類株主総会の決議を得る必要があるが（会社法322①）、どのような場合に「損害を及ぼすおそれ」が認められるのかは、必ずしも明確ではない。こうした理由もあり、実務上は、保守的に広く種類株主総会の決議を行うことが多い。かかる種類

---

(73) 上柳克郎ら編『新版注釈会社法（12）株式会社の定款変更・資本減少・整理』（有斐閣・平成2年）34頁〔山下友信〕。
(74) 洲崎博史「優先株・無議決権株に関する一考察（2・完）」民商法雑誌91巻（昭和59年）4号548頁、549頁。

株主総会決議は、特別決議であることを要するため（会社法324②四）、種類株主がある種の種類株式の３分の１以上を有している場合には、事実上、同項各号の行為について拒否権を有することとなる。

そこで、会社法は、種類株式の内容として、会社法322条１項各号の行為について、種類株主総会の決議を要しない旨を定款で定めることができるものと規定している（会社法322②）。ある種類株式に事後的にこの定めを設ける場合は、当該種類株式の種類株主全員の同意を得なければならない（会社法322④）。

但し、会社法322条１項１号に規定する定款の変更（株式の種類の追加、株式の内容の変更及び発行可能株式総数又は発行可能種類株式総数の増加）については、種類株主全員の同意があったとしても、種類株主総会を排除することはできない（会社法322③但書）。これらの定款変更は、種類株主の利害に最も重大な影響を及ぼすと考えられるためである。

種類株主総会を排除するための定款の条項例は、次のとおりである。

> （種類株主総会の決議）
> 第○条　当会社が、会社法第322条第１項各号に掲げる行為をする場合においては、法令に別段の定めがある場合を除くほか、A種優先株主を構成員とする種類株主総会の決議を要しない。

会社法322条１項２号以下に掲げられている行為の一部についてのみ種類株主総会を排除する旨の定款の定めをすることができるかどうかは、議論がある。有力な見解は、これを否定する(75)。実務上、種類株主総会を排除する旨の定款の定めを置く場合は、このような見解を踏まえ、会社法322条１項２号以下に掲げられている行為の全ての事項を対象とすることが多いと思われる。この場合、種類株主総会を排除したくない事項については、別途、拒

(75)　江頭174頁。

否権（上記3(4)）の対象とすることで対応する（株主間契約の事前承諾事項とすることも考えられる）。

種類株主総会を定款の定めにより排除した場合、その代償措置として、当該種類株式の種類株主に対しては、株式買取請求権が与えられる（会社法116①三。組織再編の株式買取請求権につき、会社法785・797・806・816の6も参照）。

(3) スタートアップ企業において散見される失敗事例

スタートアップ企業においては、かかる種類株主総会の開催を失念するミスがしばしば見られる。代表的なミスケースとして、次の3つを挙げることができる。

第1に、普通株式の種類株主総会の開催を失念するケースである。普通株式は、他の種類株式の権利内容を定めるうえでの基準となる株式である。種類株式の1つであるため、普通株式の種類株主総会を開催することも必要となる。

第2に、無議決権株式を発行している場合に、種類株主総会の開催を失念するケースである。スタートアップ企業が無議決権株式を発行するケースは多くないが、銀行から投資を受けるに当たり、銀行が議決権保有制限（銀行法16の4）に抵触することを回避することなどを目的として発行されることがある。会社法及び定款で種類株主総会決議事項と定められた事項については、当該「無議決権」株式についても種類株主総会決議を行うことが求められることに注意が必要である。

第3に、会社法322条1項1号に規定する定款変更（株式の種類の追加、株式の内容の変更及び発行可能株式総数又は発行可能種類株式総数の増加）を行う場合に、種類株主総会の決議を失念するケースである。スタートアップ企業においても、会社運営の機動性の確保のため、会社法322条1項各号の行為について、種類株主総会の決議を要しない旨を定款で定めることが多い（上記(2)参照）。その反面、上記の定款変更自体についても、定款で種類株主総会の決議が排除されていると誤解されるケースも散見される。スタートアップ企業が新たなラウンドで資金調達を行う場合、通常は、株式の種類の追加が必要となるため、かかる資金調達を行う際には注意が必要である。

COLUMN 会社法322条１項１号に規定する定款変更と投資家の拒否権

本文で述べたとおり、スタートアップ企業が新たなラウンドで資金調達を行う場合、通常は、会社法322条１項１号に規定する定款変更が必要となる。そのため、各種類株式の３分の１以上を有している種類株主は、事実上、スタートアップ企業の資金調達について拒否権を有することとなる（上記(2)参照）。特定のラウンド（特に小中規模の資金調達が行われるラウンド）において、ある投資家が、ある種の種類株式の３分の１以上を取得するケースは、決して珍しいことではない。そのようなケースでは、当該投資家の持株比率（発行済株式総数に対して占める保有株式数の割合）がいかに小さかったとしても、その意向次第で、将来の株式発行による資金調達が妨げられる事態が起こり得る。

こうした事態を回避するために、株主間契約において、投資家に対し、種類株主総会において、当該定款変更に係る議案について賛成の議決権を行使する義務を負わせる旨の条項（議決権拘束条項）を設けることが提案されることもある(76)。

しかし、投資家が拒否権を行使する場面とは、まさに投資家とスタートアップ企業（及びその資金調達時に株式の割当てを受ける新規投資家）との間の

---

(76) 松田大輝＝島内洋人「スタートアップの株主間契約における実務上の論点と対応指針」NBL1242号（令和５年）44頁。

利害対立が先鋭化する場面である。かかる拒否権は、定款でも排除することができない権利であり、投資家としては、これを放棄するインセンティブに欠ける。また、日本のスタートアップ実務上、スタートアップ企業と投資家の間に交渉力に差があり（特に創業間もない時期）、株主間契約も、投資家に有利な内容となっていることが多い。このような実務上の傾向があるなかで、スタートアップ企業や創業者が、個別の交渉によって、投資家の拒否権を排除することは容易ではない。

そのため、スタートアップ企業としても、自社が順調に成長していけば、投資家もかかる拒否権を行使しないであろう（リスクが小さい）と整理して、より重要な事項に交渉リソースを割くことが多いと思われる。

税務上のポイント 02

1　種類株式を発行する場合

(1)　引受側及び既存株主の課税関係

種類株式を引き受ける者は、払込金額及び払込みに要した費用を種類株式の取得価額とすることになり（法令119①二、所令109①一）、特に課税関係は生じない。

しかし、普通株式の場合と同様に、種類株式を引き受ける際にも、有利発行又は不利発行に該当するか否かに注意しなければならない。但し、通常、スタートアップ企業が投資家に対して種類株式を発行する場合には、独立当事者間において、出資条件等の厳しい交渉を経て、種類株式の払込価額及び種類の内容が決定されると考えられるため、税務上は合意された払込価額が時価であるとして、有利発行又は不利発行の問題が生じる場面は少ないように思われる(77)。なお、有利発行又は不利発行に該当する場合の引受人と既存株主の課税関係は、第一分冊207頁以下を参照されたい。

COLUMN　種類株式の評価

本文で説明したとおり、スタートアップ企業が投資家に対して種類株式を発行する場合、有利発行又は不利発行に該当することは通常想定されていない。

---

(77)　税務当局も、「純然たる第三者間において種々の経済性を考慮して定められた取引価額は、たとえ上記したところと異なる価額（引用者注：法人税基本通達に従って計算した株価）であっても、一般に常に合理的なものとして是認されることとなろう」と説明している（松尾公二編著『法人税基本通達逐条解説』（税務研究会出版局、十一訂版、令和５年）869頁）

もっとも、種類株式を発行する際に、そもそも種類株式をどのように評価するのかという点が問題となる。

種類株式の評価方法については法令上明らかにされていないものの、経済産業省「未上場企業が発行する種類株式に関する研究会報告書」（平成23年11月）や、日本公認会計士協会「種類株式の評価事例」（平成25年11月６日）が種類株式の評価について整理しており、実務上参考とされている(78)。例えば、「種類株式の評価事例」において、種類株式の評価方法として、以下の２つが挙げられている（21頁）。

①普通株式の評価を基礎とする方法	普通株式の評価を基礎として、付加されている権利を勘案することにより決定する方法
②将来キャッシュ・フロー期待値を見積もる方法	将来キャッシュ・フローを見積もり、割引計算を行った現在価値を種類株式の価値とする方法

また、付加される権利と価値評価に関して、以下の表のとおり整理している（25頁）。

権利の種類	評価に与える影響	理由
(1)　配当優先	プラス	普通株式に比較して配当が優先する。
(1)　配当劣後	マイナス	普通株式に比較して配当が劣後する。
(2)　残余財産分配優先	プラス	普通株式に比較して残余財産が優先的に分配される。
(2)　残余財産分配劣後	マイナス	普通株式に比較して残余財産が劣後的に分配される。

(78)　その他、スタートアップ企業で用いられる種類株式の評価については、増島雅和ほか編『スタートアップ買収の実務』（日本経済新聞出版、令和５年）67頁以下、株式会社プルータス・コンサルティング編『新株予約権等・種類株式の発行戦略と評価』（中央経済社、令和２年）187頁以下参照。

(3) 無議決権（議決権制限付き）	マイナス	議決権がない（又は制限されている。）
(4) 譲渡制限付株式	マイナス	流動性が低下する。
(5) 現金での取得請求権付株式	プラス	価格が下落した際にあらかじめ定められた金額で現金化する。
(6) 現金での取得条件付株式	マイナス	株式価値が上昇した際にあらかじめ定められた金額で現金化され、将来価格が上昇した場合に権利行使をすることによって得られるであろう利益を放棄しなければならないリスクがある。
(7) 拒否権条項付株式	プラス	代表取締役の選任等に決定権を有する。
(8) 普通株式への転換権付株式	プラス	転換権の内容にもよるが、オプションとしての価値が増加する。

税務上も法令や通達において、具体的な取扱いは定められておらず、現時点で、種類株式の評価について判断した裁判例も見当たらない(79)。この点について、相続税法上の評価であるが、税務当局は、文書回答事例「相続等により取得した種類株式の評価について（平成19年２月26日）」及び資産評価企画官情報第１号「種類株式の評価について（平成19年３月９日）」を公表し、以下に掲げる３類型の種類株式について、その評価方法を明示している。

配当優先の無議決権株式の評価
配当優先株式の評価

(79) 国税不服審判所裁決令和４年１月20日公刊物未搭載は取得条項付種類株式の評価が争われているが、スタートアップ企業の種類株式と設計が異なり、参考にならないように思われる。この裁決のそもそもの問題については、第一分冊70～71頁参照。

配当について優先・劣後のある株式を発行している会社の株式を①類似業種比準方式により評価する場合には、株式の種類ごとにその株式に係る配当金（資本金等の額の減少によるものを除く。以下同じ。）によって評価し、②純資産価額方式により評価する場合には、配当優先の有無にかかわらず、従来どおり財産評価基本通達185項の定めにより評価する。

無議決権株式の評価
同族株主（原則的評価方式が適用される同族株主等をいう。以下同じ。）が無議決権株式を相続又は遺贈により取得した場合には、原則として、議決権の有無を考慮せずに評価するが、次のすべての条件を満たす場合に限り、又は原則的評価方式により評価した価額から、その価額に５％を乗じて計算した金額を控除した金額により評価するとともに、当該控除した金額を当該相続又は遺贈により同族株主が取得した当該会社の議決権のある株式の価額に加算して申告することを選択することができる（以下、この方式による計算を「調整計算」という。）。
【条件】
イ　当該会社の株式について、相続税の法定申告期限までに、遺産分割協議が確定していること。
ロ　当該相続又は遺贈により、当該会社の株式を取得したすべての同族株主から、相続税の法定申告期限までに、当該相続又は遺贈により同族株主が取得した無議決権株式の価額について、調整計算前のその株式の評価額からその価額に５％を乗じて計算した金額を控除した金額により評価するとともに、当該控除した金額を当該相続又は遺贈により同族株主が取得した当該会社の議決権のある株式の価額に加算して申告することについての届出書が所轄税務署長に提出されていること。
ハ　当該相続税の申告に当たり、評価明細書に、調整計算の算式に基づく無議決権株式及び議決権のある株式の評価額の算定根拠を適宜の様式に記載し、添付していること。

社債類似株式の評価

次の条件を満たす株式（以下「社債類似株式」という。）については、評価通達197－2（利付公社債の評価）の⑶に準じて発行価額により評価する。また、社債類似株式を発行している会社の社債類似株式以外の株式の評価に当たっては、社債類似株式を社債であるものとして計算する。

【条件】

イ　配当金については優先して分配する。

　また、ある事業年度の配当金が優先配当金に達しないときは、その不足額は翌事業年度以降に累積することとするが、優先配当金を超えて配当しない。

ロ　残余財産の分配については、発行価額を超えて分配は行わない。

ハ　一定期日において、発行会社は本件株式の全部を発行価額で償還する。

ニ　議決権を有しない。

ホ　他の株式を対価とする取得請求権を有しない。

拒否権付株式の評価

拒否権付株式については、普通株式と同様に評価する。

但し、この取扱いは、あくまで相続等により取得した種類株式の評価に関するものであって、スタートアップ企業が発行する種類株式に関する法人税や所得税の取扱いに直ちに当てはまるかという点は疑義がある。

⑵　発行法人の課税関係

種類株式の発行は、発行会社の資本等取引に該当し、資本金等の額を増加させることになるため、課税は生じない（法法22⑤）。但し、種類株式を発行した場合には、種類株式ごとに種類資本金額（法令８②）を設定して管理する必要がある。特に、下記第２章のように、自己株式の取得を行う場合、みなし配当の計算の際に種類資本金額が重要となる。この種類資本金額は、法人税申告書別表五（一）付表「種類資本金額の計算に関する明細書」に記載する必要があるが、スタートアップ企業のなかには同付表の作成を失念していることも少なくないため、種類株式を発行した場合には注意を要する。

2　既存株式の内容を変更する場合

既存株式の内容を変更し、ある一部の株式を種類株式とした場合、株主間において価値移転が生じる可能性がある。例えば、以下のような場合には、株主間で株式価値の移転があると考えられる。

	既存株式の内容	変更後の内容	価値移転の内容
①	議決権付株式	無議決権株式	議決権割合の変動
②	拒否権付株式	普通株式	拒否権の有無
③	配当優先株式	配当劣後株式	配当受領順位の変動

既存株主の内容を変更する場合、理論的には、株式価値の移転をもって、株主間での贈与があったものとして、贈与税又は所得税、法人税が課されるリスクはゼロではない（相法９、所法34等、法法22②）(80)。

しかし、①及び②のように、会社の支配に関する価値の移転については、移転した経済的価値を金銭的に評価することが極めて困難であるように思われる(81)。他方で、③のように、配当受領権に関する価値の移転については、

(80)　岡隆充「少数株主からの買取りが困難である（無議決権配当優先株式）」税経通信平成31年12月号43頁。

(81)　但し、内容の変更後、独立した第三者との間で取引が行われた場合には、当該取引の価格を基礎として移転した経済的価値を金銭的に評価することができる可能性がある。

移転した経済的価値を金銭的に評価できる可能性もある。また、既存株式の内容を変更することにより、別の取引で調整する場合（議決権付株式を無議決権株式に変更する代わりに、役員報酬を増額するなど）、当該別の取引により取得する経済的利益相当額が価値移転の経済的価値であると評価される可能性もあり得る。

いずれにしても、既存株式の内容を変更する場合、株主間での価値移転が生じたと評価され、課税されるリスクはゼロではない。他方で、既存株式の内容変更ではなく、種類株式を新規発行する場合は、課税関係以外に、払込金額の資金調達、資本金の増加に伴う登録免許税の負担、種類株式のバリュエーションなどを別途検討する必要がある。実務上は、税務リスクに加えて、これらの諸要素を踏まえて、既存株式の変更を行うかどうかを判断することになると思われる。

COLUMN　みなし清算条項と課税問題

スタートアップ企業が種類株式を発行する場合、定款又は株主間契約において、みなし清算条項を規定することが一般的となっている（上記01・3(1)）。しかし、みなし清算条項が適用されるイベントが発生した場合において、税務上どのように取り扱われるか、という点については、明らかにされていない。

例えば、参加型のみなし清算条項が設けられた種類株式を発行しているスタートアップ企業が第三者に吸収合併されることとなり、種類株式を保有している投資家に対して、優先的に合併対価が交付された場合、種類株式を保有する投資家と普通株主との間での価値移転があったとみて課税上の問題が生じることになるか。また、参加型のみなし清算を規定する種類株式を発行しているスタートアップ企業が買収されることになり、種類株式を保有している投資家に対して、優先的に買収対価が交付された場合、普通株主と投資家の間で価値移転があったと認定されるのかという点も論点となり得る。

もっとも、実際にみなし清算条項が適用されるイベントが発生した時点においては、種類株式に優先的に分配を受けることができる権利が生じており、種類株式を保有する投資家に対して優先的に対価が交付されることは、すでに種類株式の内容として織り込み済みであることから、株主間で価値移転が生じたということにはならず、税務上の問題が生じることはないと考えることが合理的であるだろう。

第2章

発行会社による自己の種類株式の取得

法務上のポイント　01

1　発行会社による自己の種類株式の取得場面

本項では、発行会社であるスタートアップ企業が投資家から自己の種類株式を取得する場合のポイントについて解説する。スタートアップ企業が自己の種類株式を取得する場面としては、主に、次の２つの場合が考えられる。

第１に、種類株式の内容の定めにより、投資家の有する株式を取得する場合である。スタートアップ企業においては、主に、取得条項付種類株式の取得事由が生じた場合（会社法155一）、取得請求権付株式の取得請求があった場合（会社法155四）の２つが問題となる。

第２に、投資家との合意により、投資家の有する株式を取得する場合である。スタートアップ企業において特徴的であるのは、創業者間契約や株主間契約、投資契約といった、株式発行時に締結された契約にしたがい株式を取得することがある点である。

創業者間契約においては、創業者の１人について、一定の事由（トリガー）が生じた場合に、スタートアップ企業又は他の創業者が、当該創業者に対し株式の売渡請求をすることができるという規定が設けられることが多い。典型的なトリガー事由としては、契約当事者が創業者間契約に基づく義務に違反した場合や、刑事罰を課されたりした場合などを挙げることができる。これはトリガー事由に抵触した創業者を、スタートアップ企業の株主から排除するための規定である。

一方、株主間契約や投資契約においては、スタートアップ企業や経営株主について一定の事由が生じた場合に、投資家が、スタートアップ企業又は経営株主に対し株式の買取りを請求できるという規定が設けられることが多い。トリガー事由としては、契約当事者がこれらの契約について重大な違反をした場合のほか、重大な表明保証違反をした場合などが規定されることが多い。こうした規定を設ける意義や是非には、議論があるところであるが(82)、実務上は、契約違反をしたスタートアップ企業や経営株主に対するペナルティを課すという側面から規定されることが多いと思われる。

以下では、まず、スタートアップ企業が投資家との合意により投資家の有する株式を取得する場合に生じる問題として、会社法上の手続規制（下記２）を解説する。次いで、財源規制（下記３）及び欠損填補責任（下記４）について、それぞれ解説する。財源規制及び欠損填補責任は、スタートアップ企業が投資家との合意により株式を取得する場合のみならず、種類株式の内容の定めにより株式を取得する場合にも問題となる。

2　投資家との合意により自己株式を取得する場合における会社法上の手続規制

非上場会社であるスタートアップ企業が株主との合意により自己株式を取得するための手続は、大きく分けると、ミニ公開買付け（原則的方法）と特定株主からの取得（例外的方法）がある。

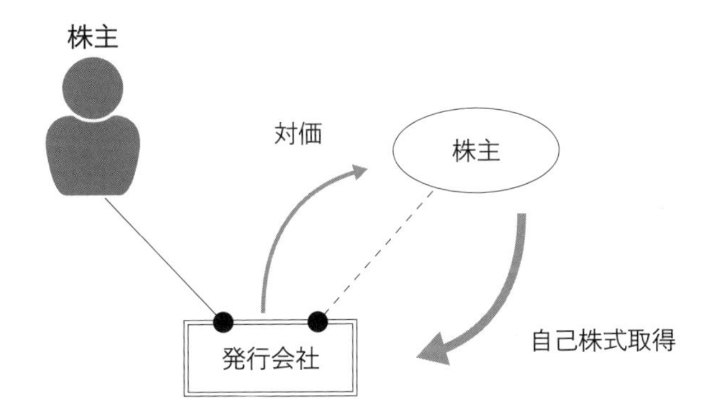

(82)　宍戸＝VLF 18頁〔宍戸善一〕及び同頁脚注81で引用されている同書の該当頁を参照。

(1) ミニ公開買付けによる取得

ミニ公開買付けとは、全ての株主に通知又は公告を行い、申し込まれた株式（申込総数が取得する株式数を超えるときは、按分された数の株式）を取得するという自己株式の取得方法である。この方法は、金商法上の自己株式の公開買付けを簡略した手続であることから、ミニ公開買付けと呼ばれている。なお、ミニ公開買付けは、非上場株式にのみ認められているものであり、上場株式に利用することはできない（金商法27の22の２①一）。

具体的な手続は以下のとおりである。

手続	内容
① 授権の決議	原則：株主総会において、取得枠の（取得する株式の種類・数、取得対価の内容・総額、株式を取得することができる期間（上限は１年間））普通決議（会社法156①） 例外：剰余金の配当等を取締役会で決定する旨の定款の定めがある場合は取締役会で決議可（会社法459①一。なお、取締役会で決議が可能な場合として会社法163、165②も参照）
② 取得条件の決定	取締役会で取得条件（取得する株式の種類・数、取得対価の内容・数額・算定方法、取得対価の総額、取得の申込期日）を決議（会社法157①・②）[83]
③ 株主に対する通知又は公告	会社が取得条件を通知（公開会社は公告を選択可。会社法158）
④ 譲渡しの申込み	株主が株式数を明らかにして譲渡しの申込み（会社法159①）

[83] 取締役会設置会社の場合。非取締役会設置会社の場合の決議機関については議論がある。

⑤　契約成立	申込期日において、会社が株式の譲受けを承諾したものとみなされ（会社法159②)、売買が成立する。但し、申込総数が取得する株式数を超えるときは、按分された数の株式の売買が成立することとなる

実務上、ミニ公開買付けは、全ての株主に通知する必要があり、かつ、申し込まれた株式を取得することになるため、予測可能性の観点から採用されることは少ないと思われる（但し、以下で説明する特定株主からの取得についても、予定外の株主から売主追加請求権を行使される可能性がある)。

(2)　特定株主からの取得

会社が特定株主から自己株式を取得する場合には、以下の手続を踏まなければならない。スタートアップ企業が、創業者間契約や株主間契約、投資契約といった契約にしたがい自己株式を取得する場合も同様である。

手続	内容
①　売主追加請求の通知	原則：株主総会の日の２週間前までに株主（取得する株式の種類の株主）に対して売主追加請求の通知（会社法160②) 例外：市場株価のある株式を市場価格以下で取得する場合、子会社から取得する場合等には売主追加請求はなし（会社法161～165①)
②　授権の決議	取得枠の決定に際して、株主総会の特別決議により特定の株主から株式を買い取ることにより決定（定款の定めがあったとしても、取締役会によることができない。会社法309②二・156①・160①) なお、当該特定の株主は、原則として、当該株主総会において議決権を行使することができない（会社法160④)

③　取得条件の決定	ミニ公開買付けと同様
④　株主に対する通知	取得条件を通知（会社法160⑤・158①）[84]
⑤　譲渡しの申込み	株主からの譲渡しの申込み
⑥　契約成立	申込期日において、会社が株式の譲受けを承諾したものとみなされ（会社法159②）、売買が成立する。但し、売主追加請求の結果、申込総数が取得する株式数を超えるときは、按分された数の株式の売買が成立することとなる。

このように、第三者に対して株式譲渡をする場合と異なり、発行会社に対して株式を譲渡する場合、特定の株主が不当に優遇されることを防ぐ必要があるため、法的手続が複雑になる。株主総会の特別決議が必要であり、かつ、譲渡する株主が議決権を行使できないため、特定株主から株式を取得しようとする場合は、実務上、他の株主の意向を確認しておくこと（株主総会において特別決議が可能であるか）が必要となる。

また、特定株主以外に、売主追加請求権を行使した株主がいた場合、当該株主からも取得する必要がある点にも注意が必要である。A種優先株式を有する特定株主から自己株式を取得する場合、理論的には、他のA種優先株主全員から、売主追加請求権を行使されるおそれがある。なお、売主追加請求権は、定款で定めることにより排除することが可能であるものの、設立後の定款変更により排除する規定を設けようとする場合には株主全員の同意が必要となるため（会社法164）、導入のハードルは高い。

---

(84)　公告による方法はできないと解されている（山下友信編『会社法コンメンタール４－株式（２）』（商事法務、平成21年）28頁〔伊藤靖史〕）。

3　自己株式取得における財源規制

会社は、自己株式取得をする際に、株主に対して交付する金銭等の帳簿価額の総額が、その効力を生ずる日における分配可能額を超えてはならない(会社法461①二・三)。分配可能額とは、最終事業年度の剰余金の額をベースとして、一定の調整をして算出される金額である（会社法461②)。

分配可能額を超える対価を交付した場合、以下に掲げる者は、会社に対して連帯して交付した対価の帳簿価額に相当する金銭を支払う義務を負う（会社法462①一・二)。但し、対価の交付を受けた者以外の者については、その職務執行につき注意を怠らなかったことを証明したときはかかる義務は負わない（会社法462②)。

- 対価の交付を受けた者
- 業務執行者
- 総会議案提案取締役
- 議案提案取締役

財源規制に違反した自己株式取得の効果は、それ自体は有効とする会社法の立法担当者の見解があるが(85)、学説では無効とする説が有力である(86)。

分配可能額が不足している場合、資本金又は資本準備金の額を減少させ、その他資本剰余金を増加させることによって対応することも可能である（会社法446三・四)。また、仮に分配可能額が十分であったとしても、発行会社には売主である株主に対して支払う現金が必要となるため、手許現金が十分であるかを確認する必要がある。もっとも、現金が不足している場合には、

(85)　相澤哲編「立案担当者による新・会社法の解説」別冊商事法務295号（平成18年）135頁。
(86)　江頭262頁。

株主に対する未払金債務として処理することも可能である（その後に準消費貸借契約を締結して借入金債務とすることも可能）。

取得条項の行使により発行会社が株式を取得する行為は、自己株式取得に該当するため、当然に財源規制に服することになる（会社法461①二・三）。取得の対価とする財産の帳簿価額（発行会社の株式を除く）が分配可能額を超える場合には、取得の効力が発生しないことになる点に注意が必要である（会社法170⑤）。

他方、自己株式の取得のうち、株式買取請求に対応して行う自己株式の取得等は、やむを得ない事情で自己株式を取得することになるため、財源規制の適用を受けない。

4　欠損填補責任

分配可能額の範囲内で合意により自己株式を取得した場合でも、取得をした日の属する事業年度（その事業年度の直前の事業年度が最終事業年度でないときは、その事業年度の直前の事業年度）に係る計算書類につき承認を受けた時に欠損が生じた場合は、職務の執行を行った業務執行者（業務執行取締役（会社法２十五イ）及び執行役並びに会社計規159二・三に定める者をいう。会社法462①、会社計規159二・三）に、会社に対する法定の特別責任が生じる（会社法465①二・三）。計算書類承認時の法定責任については、当該業務執行者がその職務を行うについて注意を怠らなかったことを証明した場合は生じない（会社法465①但書）。

なお、計算書類承認時の法定責任は総株主の同意により免除できる（会社法465②）。また、明文の規定はないが、決算期に欠損が生じるおそれがあるときは、業務執行者は自己株式を取得してはならない[87]。

---

(87)　江頭262頁。

税務上のポイント　02

1　売主における税務上のポイント

種類株式を発行会社に譲渡した場合、普通株式に係る自己株式の取得と同様に、①みなし配当の受取りと②株式の譲渡という二つの取引に分解して、それぞれの課税関係を検討する必要がある。発行会社から株式の対価として交付を受けた金銭等につき、みなし配当とされる部分と株式譲渡益とされる部分の区分については、以下の概念図のとおりである（第一分冊153頁以下参照）。

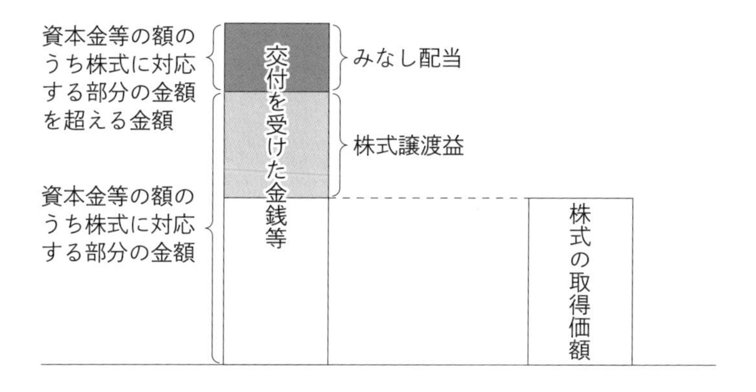

種類株式を発行している会社は、上記第１章02の１(2)のとおり、種類株式ごとに、種類資本金額を区別して管理しており、みなし配当の計算は、下記２のとおり、種類資本金額を基礎として計算されることになる。

売主が個人株主である場合、個人株主に交付された金銭のうち、発行法人側で減少する利益積立金額がみなし配当（計算式は下記２を参照）として所得税等が課税される。個人株主に対するみなし配当は、通常の配当と同様に、原則として配当所得として総合課税の対象となる。この場合、所得税額等から一定割合を控除する配当控除を適用することができる（所法92）。

一方、売主が法人株主である場合、法人株主においては、みなし配当の算定方法は個人株主と同様であるが（法法24①五）、内国法人が受ける配当については、二重課税防止の観点から、以下に掲げる区分ごとに一定の金額を益金不算入とする措置がとられている（法法23）。詳細は、第一分冊154頁参照。

他方で、自己の種類株式の取得が以下の種類株式に係る権利行使による場合、自己株式の対価がその会社の株式又は新株予約権のみであり、かつ、対価として交付を受けた株式又は新株予約権の価額が種類株式の価額と「おおむね同額」となっていると認められるときには、課税繰延べが認められている（法法61の2⑭一～三）。すなわち、転換権や強制転換権の行使により、優先株式の代わりに普通株式が交付される場合、普通株式の価額が優先株式の価額とおおむね同額である場合には、課税が繰り延べられることになる。

種類株式	取得事由
取得請求権付株式	取得請求権付株式に係る請求権の行使によりその取得の対価として当該取得をする法人の株式のみが交付される場合の当該請求権の行使（転換権の行使）
取得条項付株式	取得条項付株式に係る取得事由の発生によりその取得の対価として当該取得をされる株主等に当該取得をする法人の株式のみが交付される場合（その取得の対象となった種類の株式の全てが取得をされる場合には、その取得の対価として当該取得をされる株主等に当該取得をする法人の株式及び新株予約権のみが交付される場合を含む）の当該取得事由の発生（強制転換権の行使）
全部取得条項付株式	全部取得条項付種類株式に係る取得決議によりその取得の対価として当該取得をされる株主等に当該取得をする法人の株式（当該株式とあわせて交付される当該取得をする法人の新株予約権を含む）以外の資産（当該取得の価格の決定の申立てに基づいて交付される金

	銭その他の資産を除く）が交付されない場合の当該取得決議（強制転換権の行使）

ここで問題となるのは､｢おおむね同額」の解釈である。立案担当者は､｢おおむね同額」について、「グループ法人内や同族会社の株主間でこれらの株式を使用して持分割合を恣意的に移転させることができますが、このような場合についてまで譲渡益課税を繰り延べることは適当でないことから、課税の繰延べは正常な取引として行われた場面に限るという趣旨で設けられたものです」と説明している(88)。まず、取得請求権付株式や取得条項付株式の転換請求権又は強制転換権が行使された時の時価は、転換権の行使により当該種類株式は普通株式に転換されることから、転換後の普通株式の時価と同額であると考えることも可能である。また、スタートアップ企業が利用する取得請求権付株式や取得条項付株式は、創業者・スタートアップ企業と投資家との間で真摯な交渉を経て経済条件等が設定されるものであり、恣意的に持分割合を移転することを目的としていない。したがって、スタートアップ企業が利用する取得請求権付株式又は取得条項付株式に関して、転換請求権又は強制転換権が行使されて､優先株式の代わりに普通株式が交付される場合、当該優先株式と交付される普通株式の価額は「おおむね同額」であると評価することができ、課税は繰り延べられると考えるべきであろう。

2　発行会社の課税関係

発行会社による自己の種類株式の取得は、資本等取引に該当するため、原則として損益は生じない（法法22⑤)。種類株式の売主である株主に交付する金額は、以下の算式により種類資本金額と利益積立金額に対応する金額を

(88)　財務省『改正税法のすべて（平成18年版)』(大蔵財務協会、平成18年）273頁。

算定し、それぞれから減少させる（法法2十六・十八、法令8①二十・9①十四）。

$$\text{種類資本金等の額の減少額} = \text{直前種類資本金額} \times \frac{\text{取得する自己株式数}}{\text{直前の発行済種類株式総数}}$$

$$\text{利益積立金額の減少額} = \text{交付した金銭等の額} - \text{種類資本金等の額の減少額}$$

なお、普通株式の自己株式の取得と同様、発行会社は、支払を受ける株主への通知や支払調書の提出義務がある（詳細は第一分冊158頁参照）。

COLUMN　リバースベスティング

リバースベスティングとは、創業者が複数いる場合において、各創業者が保有するスタートアップ企業の株式に関し、スタートアップ企業での在任年数が経過するごとに株式の権利を確定させる仕組みである。これをスタートアップ企業から見ると、ある創業者が一定期間内にスタートアップ企業の役職から退任した場合、在任期間に応じて当該創業者が保有するスタートアップ企業の株式を他の創業者やスタートアップ企業が強制的に買い取るという仕組みである。たとえば、以下のような条件が設定される。

退任時期	強制的に譲渡させる株式の割合
1年未満	100％
1年以上2年未満	75％
2年以上3年未満	50％
3年以上	0％

これは、ある創業者がスタートアップ企業の立ち上げ後に当該スタートアップ企業から離脱し、残された他の創業者を含む残存の経営陣が企業価値の上昇に貢献した場合、離脱した創業者が離脱後の企業価値の上昇分にフリーライドすることを防止するとともに、在任期間に応じて株式の継続保有を認めることで、離脱までの企業価値の上昇への貢献に正当に報いることを目的としている(89)。

上記のとおり、リバースベスティングにおいては、ある創業者が保有する株式を他の創業者又はスタートアップ企業が買い取ることになるが、その際の買取価格は、通常、当該株式の帳簿価額（当該創業者が払込みをした、又は取得した価格）とされることが多い。しかし、創業者が離脱した時点において、スタートアップ企業の株式の時価が帳簿価額と一致していない可能性もあり、その場合には、株式の低額譲渡又は高額譲渡となり、税務上のリスクが生じ得ることになる（第一分冊194頁以下参照）。特に、離脱の直近で企業価値評価を行ったうえで投資家から資金調達したような場合には、株式の帳簿価額と時価との乖離が大きくなっている可能性がある。もっとも、離脱する創業者の株式については、評価額が低額となりやすい配当還元方式で評価することが可能なことも多く(90)、かつ、買取価格を離脱時の時価とした場合、創業者に離脱するインセンティブを付与することになってしまうこと

(89) 増島雅和ほか編『スタートアップ買収の実務』（日本経済新聞出版、令和5年）41～42頁。

(90) 種類株式での資金調達が「売買実例」に該当するかという点については、**第2部**第2章03の2(1)❶イ参照。

になるため、実務上は、税務上のリスクは認識しつつも買取価格を帳簿価額と設定しているものと思われる。

なお、リバースベスティングにおいて、スタートアップ企業が株式を買い取る場合には、本文で説明したとおり、分配可能額の規制があることに注意が必要である。

第2部
スタートアップ企業における新株予約権等の取引

第1章
資金調達における新株予約権・新株予約権付社債

スタートアップ企業において新株予約権の利用が想定される場面は大きく分けると2つある。1つは資金調達のために投資家に対して発行される場面であり、もう1つはインセンティブ報酬の一種であるストックオプションとして役職員等に対して付与される場面である。

また、新株予約権とは法的には異なるものの、将来株式を購入する権利を付与するという意味で被付与者にとって同様の経済的効果を生じさせるものとして、譲渡予約権も実務上利用されることがある。

第2部においては、第1章で新株予約権が資金調達のために利用される場面、第2章で新株予約権がストックオプションとして利用される場面をそれぞれ解説する。また、第3章では譲渡予約権について解説する。

本章では、資金調達の場面で利用される新株予約権及び新株予約権付社債について解説する。資金調達の場面で利用される新株予約権及び新株予約権付社債は、いわゆる「コンバーティブル投資手段」という枠組みで紹介されることがあり、この利用が近年増加傾向にある。以下では、「コンバーティブル投資手段」の位置づけや機能といった一般的な事項を説明した上（下記01）、法務上のポイント（下記02）及び税務上のポイント（下記03）について解説することとする。

「コンバーティブル投資手段」が注目されている理由　01

1　株式による資金調達における負担及びコスト

株式会社が資金調達を行う場合、負債（Debt）と資本（Equity）のいずれかによることになる。スタートアップ企業は、特にそのアーリーステージにおいては、将来の財務状況に関する不確実性が高いことや金融機関に対して提供する担保がないこと等を理由として、負債で資金を調達することは難しい。そのため、設立当初は、創業者の親族・友人等のごく近しい個人から、その後、会社の成長にしたがって、エンジェル投資家、VC及び事業会社/CVC等の投資家から資金調達を行い、これらの投資家に対して、資金調達の対価として、資本（Equity）である株式を付与することが多い。特に、近年では、種類株式である優先株式を発行することによる資金調達が多数行われるようになっている（種類株式については上記**第１部**を参照）。

他方で、株式により資金調達を行うためには、会社法上、１株当たりの発行価額等（すなわち、「１株当たりいくらで、何株を各投資家に発行するか」）を決める必要があるところ、その前提として、当該資金調達の時点のスタートアップ企業の株主価値を評価（いわゆる「バリュエーション」）する必要があるが、売上はおろかプロダクトも存在していないことすらある企業の株主価値について企業と投資家が合意に至るのは容易ではない。また、投資家に株式を付与する際には、投資契約や株主間契約を締結することが通常であり、そのために、スタートアップ企業と投資家の間で契約条件について交渉し、妥結に至る必要がある。

以上のとおり、スタートアップ企業が投資家から株式により資金調達を行うためには、企業と投資家の間で、相応の交渉を要することになる。しかしながら、時間もリソースも限られている企業の資金調達において、このようなコストを発生させるのは、企業にとっても投資家にとっても合理的ではないといえる。

2 「コンバーティブル投資手段」の登場

上記のような負担やコストを回避するために、シード期の資金調達方法として、特に米国を中心とする諸外国において、株式ではなく、負債として取り扱われる「コンバーティブル・ノート（Convertible Note）」が用いられるようになった。コンバーティブル・ノートとは、将来的に株式に転換する約束が付された負債証書である。通常は、次回の資金調達に際して当該資金調達のバリュエーションを基準として株式に転換するとの条件が付されており、コンバーティブル・ノートを発行することで、株式発行に伴う負担やコストを回避し、特にバリュエーションを後回しにして、資金を調達することができる。もっとも、コンバーティブル・ノートはあくまで債務であるため、スタートアップ企業が発行額を負債としてバランスシートに計上する必要があり、かつ、償還期限が到来した場合には投資家から支払請求を受け、最悪の場合には倒産手続の申立てがなされる可能性がある等の問題があった。そのため、これらを解決しようとする手法として、近年新たに、コンバーティブル・ノートから負債としての性格を取り除いて再構成した、「コンバーティブル・エクイティ（Convertible Equity）」と呼称される仕組みが用いられるようになり、特に米国を中心とする諸外国のシード期の資金調達では普及が進んでいる。

このような流れの中で、日本においても、コンバーティブル・ノートに対応するものとして新株予約権付社債、また、コンバーティブル・エクイティに対応するものとして新株予約権を用いたシード期における資金調達の手法が考案された。もっとも、日本においては、主に、認知度が低いこと、新株予約権に対する適切な理解が進んでいないこと、法務上の手続がやや複雑になり得ることなどが活用の障壁になっているという指摘もなされている(1)。

---

(1) 「『コンバーティブル投資手段』活用ガイドライン」1頁。

諸外国における利用状況に関して、シード期の資金調達に占めるコンバーティブル・ノート及びコンバーティブル・エクイティの割合は、例えば、米国においては50％を占め、英国及びドイツにおいては35％を占める等、株式に次ぐシード期における資金調達の手段としての地位を確立しつつある状況である一方で、日本では10％にとどまっているという調査結果がある(2)。

シード期の資金調達手段

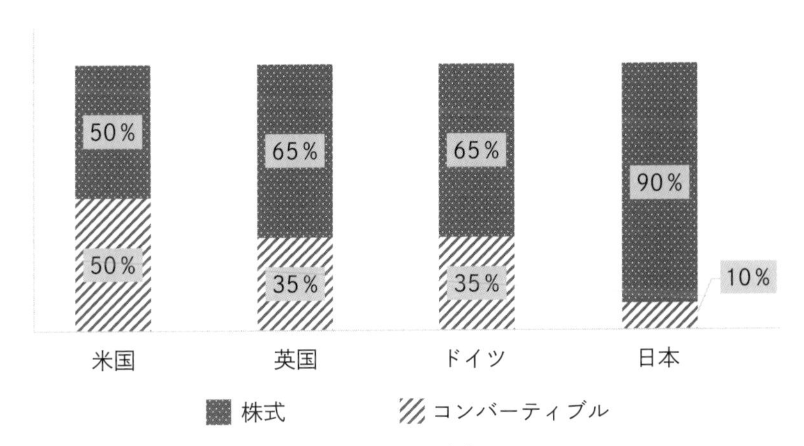

出典：「コンバーティブル投資手段」に関する研究会
「『コンバーティブル投資手段』活用ガイドライン」（令和２年12月28日）・30頁

そのため、経済産業省は、コンバーティブル・ノートやコンバーティブル・エクイティを「コンバーティブル投資手段」と位置付けたうえで、「『コンバーティブル投資手段』活用ガイドライン」（令和２年12月28日）(3)を公表し、先行事例の分析を踏まえ、活用の促進の阻害要因となっている実務処理の解

(2) 米国：平成30年２月１日から平成30年５月31日の期間で米国32州、カナダ４州から集めた弁護士にヒアリング、有効回答数は326、割合は取引件数ベース（John F. Coyle andJoseph M. Green “The SAFE、the KISS、and the Note: A Survey of Startup Seed FinancingContracts” より）。英国・ドイツ：政府ウェブサイト・エキスパートインタビューより。

説や、適切な利用に向けた交渉ポイント・実態調査に基づく相場水準等を含めたガイドラインを策定することにより、関係者の理解を深め、活用を促そうとしている。

3 「コンバーティブル投資手段」のメリットとされている事項

活用ガイドラインにおいては、「コンバーティブル投資手段」のメリットとして、以下の3つが挙げられている(4)。

「コンバーティブル投資手段」のメリットとされている事項

① 企業価値評価の先延ばし

コンバーティブル投資手段の本質的な特徴は、企業価値評価の実施を将来のある時点に先延ばしできる点にある。

－例えば、次の資金調達ラウンド、事業上の条件（シナジーの実現等）を満たしたタイミングなどの時点に先延ばしすることが可能になる。

② 迅速なファイナンスの実現

企業価値評価を先延ばしできること、株式取得に比べ手続が簡素であることから、迅速にファイナンスを実現することができる。

－企業価値評価の実施を先延ばしできることによる派生効果として、資金調達・供給 にかかる手続がスピーディーになる。

－株式の取得に比べ、調達に伴う契約は簡素になる傾向がある。

・転換までの間は株式が発行されておらず株主ではないため、株主間契約の締結が不要となる。

・ファイナンス・ターム（注：経済条件）として定めるべきポイント（論点）が絞り込まれるため、共通フォーマット化に馴染みやすい。

---

(3) 「コンバーティブル投資手段」に関する研究会「『コンバーティブル投資手段』活用ガイドライン」（令和2年12月28日）。

(4) 「『コンバーティブル投資手段』活用ガイドライン」16頁等。

③　インセンティブ設計の柔軟性

　コンバーティブル投資手段の特徴として、株式転換条件を自由に定めることができるため、インセンティブを柔軟に設計でき、設定した転換条件を満たすために、投資家側・スタートアップ側が事業成長へのコミットメントを高めること等が期待できる。

－例えば、事業会社とスタートアップの協業において、事業上の条件（シナジーの実現、PoC（注：アイデア実証）の実施等）を株式転換条件に設定する形でコンバーティブル投資手段を活用した場合、条件達成に向けて双方のコミットメントを高めることができる。

　以下では、日本法上の株式会社として設立されたスタートアップ企業がコンバーティブル投資手段を発行する場面を念頭に、上記各メリットについて若干の解説を行う。

(1)　企業価値評価の先延ばし

　上記のとおり、スタートアップ企業が株式により投資家から資金調達を行うためには、1株当たりの発行価額等を決める前提として、その時点におけるスタートアップ企業の株主価値、その前提たる企業価値について、スタートアップ企業と投資家が合意することが必要になるため、当該交渉に関するコストの発生が避けられない。

　これに対して、コンバーティブル投資手段を利用して資金調達を行う場合には、コンバーティブル投資手段を発行する時点においては、付与した新株予約権の転換価額（新株予約権の転換時に発行される1株当たりの株式の価額）を定める必要がなく、当該転換価額の算定方法のみを定めておくことで足り（したがって、バリュエーションを行わなくてもよく）、次の資金調達ラウンドや事業上の条件（シナジーの実現等）を満たしたタイミング等まで企業価値評価を先延ばしにすることができるというメリットがある。

　但し、コンバーティブル投資手段を利用するとしても、下記のキャップ（上限）の仕組みを導入する場合には、キャップの金額を設定する前提として、将来、スタートアップ企業がどの程度のスピードでどの程度成長することを期待するかについてスタートアップ企業と投資家の間で目線合わせを行う必要が生じる。そのため、コンバーティブル投資手段を利用することによりバリュエーションに類する事項の交渉が常に不要となるわけではない点には注意が必要である。

(2) 迅速なファイナンスの実現

コンバーティブル投資手段として、新株予約権や新株予約権付社債を発行する場合には、それらを発行した時点において投資家は株主とならないため、その時点において優先株式の設計について合意する必要はなく、また、（株式の発行に係る）投資契約や株主間契約を締結することも原則として不要である。その結果、経済条件として定めるべきポイント（論点）が絞り込まれるため、株式を発行する場合に比べ、コンバーティブル投資手段による資金調達に際して締結される契約は簡素になる傾向がある(5)。

また、実務的には、公表されている契約の雛形をベースとして利用することにより、契約条項を一つずつ交渉により積み上げていく場合に比べて、当事者の負担を軽減することができる。米国において公表されている契約の雛形としては、例えば、スタートアップ企業の支援を行う団体（アクセラレーター）であるY Combinatorが作成した"SAFE"（Simple Agreement for Future Equity）(6)や、VCである500 Startups(7)が作成した"KISS"（Keep It Simple Security）がある。また、日本においては、VCであるCoral Capital（旧500 Startups Japan）が、投資契約書、株主総会議事録、登記必要書類等の必要書類一式を含むパッケージである"J-KISS"を公開しており(8)、シード期におけるコンバーティブル・エクイティによる資金調達のベースとして広く使わ

---

(5) 「『コンバーティブル投資手段』活用ガイドライン」16頁等。
(6) Y Combinator ウェブサイト（https://www.ycombinator.com/documents/）参照。
(7) 500 Startups ウェブサイト（https://500.co/）参照。
(8) Coral Capital ウェブサイト（https://coralcap.co/j-kiss/）参照。

れている。具体的には、2019年第4四半期に行われた1億円未満の資金調達でコンバーティブル投資手段を用いて行われたもののうち、J-KISS及び一部内容を変更したJ-KISSの発行によるものが9割を超えるとされる(9)。

(3) インセンティブ設計の柔軟性

上記SAFEやKISSなどに代表される典型的なコンバーティブル・エクイティは、バリュエーションや契約条件を次回の資金調達に委ねることで、これらの交渉を回避して迅速に資金調達を行おうとするものであるが、事業会社を中心とする投資家がスタートアップ企業に対して一定のインセンティブ付けを行いつつ資金を提供するために、コンバーティブル投資手段を活用することも提案されている。

例えば、スタートアップ企業と事業会社が新事業を開始するためにスタートアップ企業と業務提携を行おうとしている場面を想像してほしい。業務提携が首尾よく進捗すればよいが、スタートアップ企業との業務提携を通じた新事業の開始までには長期間を要し、当初の計画どおりに商品開発などが進捗しないこともあり得る。そのような場合において、特にスタートアップ企業のコミットメントをどのように維持するかは、業務提携の開始時に手当をしておくべき課題である。

コンバーティブル投資手段は、この課題の解決策となり得る。例えば、PoC（アイデア実証）の完了をコンバーティブル投資手段の株式転換条件としつつ、当該条件が満たされない場合は事業会社がスタートアップ企業に投下した資金を回収できるなどとすることで、スタートアップ企業に対してPoCの完了へとインセンティブ付けを行うことが可能である。

この場合、コンバーティブル投資手段の株式への転換条件の充足の有無について、事業会社とスタートアップ企業の双方に認識の齟齬が生じないように、株式転換条件は明確に規定しておくことが重要である。また、スタート

---

(9) 「『コンバーティブル投資手段』活用ガイドライン」39頁。

アップ企業において株式転換条件が充足されないリスクを過度に負担することのないよう、フェアな条件の設定を心掛けることが望ましいといえる。

4　コンバーティブル・ノートとコンバーティブル・エクイティの違い

(1)　発展の経緯

いわゆる「コンバーティブル投資手段」には、負債性を有するコンバーティブル・ノートと、負債性を取り除いたコンバーティブル・エクイティがあるところ、両者が米国を中心として開発され、その後、日本での利用の増加に至った経緯等は以下のとおりである。

❶　米国における実務の発展・深化

米国実務においても、株式による資金調達には厳密なバリュエーションが必要であるという課題があることは日本と変わらない。そのため、バリュエーションを回避しつつ資金調達を行うことを可能とするため、株式の代わりにコンバーティブル・ノートを利用する実務が発展した。コンバーティブル・ノートとは、将来的に株式に転換する約束が付された負債証書であり、日本法における新株予約権付社債に近い性質を有する。コンバーティブル・ノートの発行時点では、将来における株式の転換の条件や算定式は定めるものの、実際に転換される株式数自体は定めないので、その時点で厳密なバリュエーションは必要とされない。そのため、株式よりも迅速かつ簡易な資金調達方法として利用されてきた。

もっとも、コンバーティブル・ノートは負債であって、償還期限（満期）や金利が定められ、償還期限までに株式への転換条件を満たさない場合には、投資家はスタートアップ企業に対して権利上は元本や金利の請求を行使する

---

(10)　スタートアップ企業に対して返済を求めるケースも存在していたものの、基本的には返済を求めないという実務慣行が米国で確立していた。

ことが（理論上は）でき、倒産手続の申立てを行う可能性すらある[10]。また、コンバーティブル・ノートは、会計上、負債に計上する必要があり、その場合、スタートアップ企業の資産に対する負債比率が上昇してしまい、将来の金融機関からの借入れや新規投資家からの投資の障害になり得るという問題も指摘されていた。これらの問題点を解消する形で、デットではなく、エクイティの性格を有するコンバーティブル・エクイティが開発された。

このような経緯で開発されたコンバーティブル・エクイティは、コンバーティブル・ノートから負債性を基礎づける要素である満期及び金利を取り除いたものということができる。具体的には、スタートアップ企業は、払込金額をもとに将来のいずれかの時点で一定数の株式を付与する必要がある一方、コンバーティブル・ノートとは異なり、「満期」という概念はなく、一定の期間が経過しても、原則として払込金額の償還義務や金利の支払義務はない。また、貸借対照表上、負債として計上する必要がない[11]。

そのため、コンバーティブル・エクイティは、（開発を行ったのは投資家であるアクセラレーター達であるが、）スタートアップ企業にとっても使い勝手のよい資金調達手段とされ、その利用は米国、英国及びドイツ等において拡大している（上記2を参照）。

---

(11) 但し、米国においては、貸借対照表上の資本計上となるか、負債計上となるか見解が分かれている状況であるとのことである。「『コンバーティブル投資手段』活用ガイドライン」28頁。

米国における投資契約スキームの進化

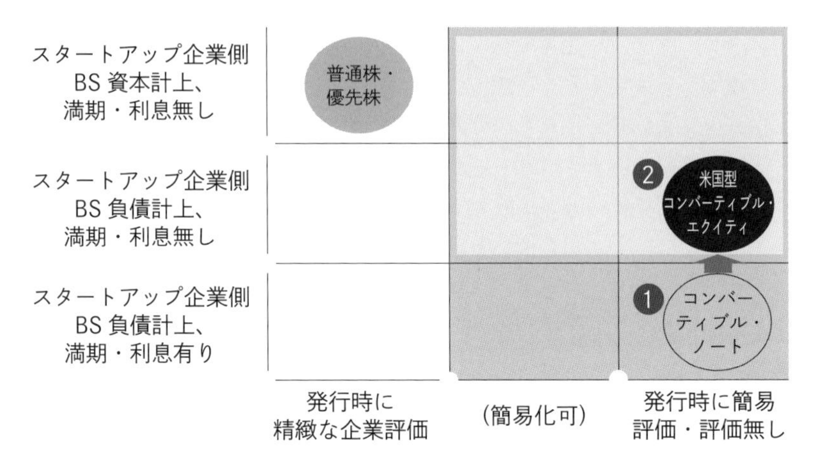

出典：「『コンバーティブル投資手段』活用ガイドライン」28頁

❷ 日本における「コンバーティブル投資手段」の発展

その後、日本においても、米国の実務を参考にして、コンバーティブル・ノートに対応するものとして新株予約権付社債、コンバーティブル・エクイティに対応するものとして新株予約権そのものが利用されるようになった。特にシード期のスタートアップ企業の資金調達に関しては、コンバーティブル・エクイティの利用が増えつつある。その経緯を単純化すると、以下のとおりとなる。

⓪ 新株予約権付債権	融資等+新株予約権の構成。条件に該当する資金調達で株式に転換されるもの
① 新株予約権付社債（ゼロクーポン・無担保永久劣後債型）	新株予約権付社債を無利息（ゼロクーポン）とし、永久劣後特約（劣後特約とは、会社の残余財産の分配の際に他の一般債権に劣後する債権をいい、「永久」劣後特

	約とは満期のない劣後特約のことである。）を付したもの
② 無議決権種類株式方式コンバーティブル・エクイティ	次の資金調達ラウンドの株式への転換権を持つ株式
③ みなし優先株式方式コンバーティブル・エクイティ	次の資金調達ラウンドにおいて、事前に定めた条件にしたがって優先株式に変更できる普通株式
④ 有償新株予約権型コンバーティブル・エクイティ	次の資金調達ラウンドの株式に転換できる権利が付された、有償の新株予約権

出典：「『コンバーティブル投資手段』活用ガイドライン」32頁

我が国における投資契約スキームの進化

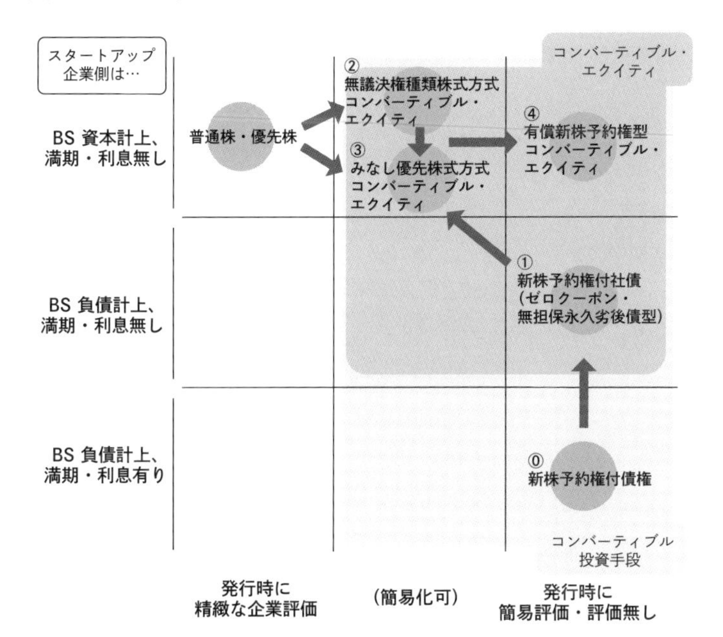

出典：「『コンバーティブル投資手段』活用ガイドライン」32頁を一部変更

上記④への進化の過程において、まず、上記①のように、法形式としては負債としながら、ゼロクーポン（利息なし）、かつ、永久劣後特約を付して、実質的に負債性を取り除き、米国のコンバーティブル・エクイティを再現した投資手段が設計された。

他方、上記①はあくまで法形式上は負債であり、貸借対照表に負債計上することが想定されていた点を踏まえ、負債計上をも不要とするため、上記②③のように、株式という法形式を取りつつ、（従前の株式による資金調達の課題解消のため）発行時点でのバリュエーションを簡易に行い、次の資金調達において他の株式（典型的には、優先株式）に転換するという方法も考案された(12)。

このような進化を経て、上記④のように、上記２つの流れの長所を利用できる方法として、次の資金調達ラウンドの株式に転換できる権利が付された有償の新株予約権として、有償新株予約権型コンバーティブル・エクイティが考案された。

この雛形として、上記３(2)のとおりJ-KISSが公表されており、その利用が広がりつつある。

(2) 手法選択のポイント

ここまでコンバーティブル・ノートとコンバーティブル・エクイティを並列的に解説してきたが、実際にこれらを利用する場合、いずれの手法を選択すべきかが問題となる。結論としては、シード期の資金調達においては、基本的には、コンバーティブル・エクイティの利用から検討を開始することがよいと考えられ、国内の実務においてもコンバーティブル・エクイティの利用が多数を占めている状況である。

また、シード期より後のタイミングで他社との業務提携といったオープン

---

(12) 法形式の展開について検討しているものとして、日本版Convertible Equity（コンバーティブル・エクイティ）の新展開（https://startupinnovators.jp/blog/180/、https://startupinnovators.jp/blog/182/）がある。

イノベーション等を行う場合や、次の資金調達までの間のつなぎ融資を行う場合においては、コンバーティブル・ノートの利用を検討することも選択肢として考えられる。

以下では、シード期の資金調達においてコンバーティブル・エクイティの利用から検討を開始することがよい理由を、スタートアップ企業側・投資家側の順に述べ、その後、コンバーティブル・ノートが利用される典型的な場面について解説を行う。

❶ スタートアップ企業側

コンバーティブル・ノートは負債であるので、コンバーティブル・ノートを発行したスタートアップ企業は、貸借対照表に負債計上する必要がある。また、コンバーティブル・ノートに満期及び金利が定められた場合、スタートアップ企業は投資家に対してこれらを支払う義務を負うことになる(13)。特に資金的な余裕がないことが多いシード期のスタートアップ企業側からすれば、これらのデメリットがスタートアップ企業の成長を阻害する影響は相応に大きいと考えられるため（ひいては、投資家にもデメリットが生じることは下記❷のとおりである）、コンバーティブル・エクイティの利用をまず検討する方が良いと考えられる。

❷ 投資家側

新株予約権として発行されるコンバーティブル・エクイティには資金の回収に関する権利は当然には与えられない一方で、新株予約権付社債として発行されるコンバーティブル・ノートは、あくまで社債であるため、投資家側からすれば、株式への転換がなされる前に満期が到来すれば、株主に優先して払込金額の償還を受けられる。この点は、投資家にとってのコンバーティブル・ノートのメリットとして指摘できよう。

しかし、投資家が社債により資金回収を図ろうとする場面においては、そもそもスタートアップ企業に余剰資金がなく、債権者としての権利を行使し

---

(13) 但し、基本的には、投資家はこれらの支払請求をしない実務が存在する。

たとしても十分な資金回収を見込めないことも想定される。そのため、コンバーティブル・ノートを利用した場合の社債による資金回収というメリットは、実際上はそれほど大きくない（そのため、シード期の資金調達では、各投資家の投資規模がそれほど大きくないことを前提とすれば、そもそも投資家は負債による資金回収を期待すべきではないという評価も可能と考えられる）。

また、スタートアップ企業においても、社債は貸借対照表に負債計上する必要があり、その分の資産に対する負債比率が上昇するので、その後の資金調達の検討段階で、金融機関の融資審査向けに貸借対照表を開示した際には、不利に扱われる可能性がある。投資家にとってリターンが最大となるのはスタートアップ企業が順調に成長するシナリオである。その障害となり得るコンバーティブル・ノートの利用には謙抑的であるべきという考え方もあり得るところである。

❸ 負債性のコンバーティブル投資手段が利用される場合

すでに資金調達を経験しているスタートアップ企業が次の資金調達までの間のつなぎ融資（ブリッジ・ファイナンス）としてコンバーティブル投資手段を発行する場合（例えば、新型コロナウイルスによる一時的な市況により、有望なスタートアップ企業が資金調達を行うことができない場合には、つなぎ融資を迅速に受けて事業を継続するという場面が考えられる⒁）負債性のコンバーティブル投資手段が利用されることも比較的多い。

SAFEやKISS、また、これらのコンセプトを日本に移植したJ-KISSは、もともとシード期のスタートアップを念頭に置いて開発されているため、事業のステージが進んだスタートアップへの投資の場面で利用するのに適していないと考えられることや、レート期におけるつなぎの資金調達の局面では通常シード期よりも投下資金の規模が大きくなるために、投資家が債権者としての保護をより強く求めるといった背景があるのではないかと思われる。

⒁ 「『コンバーティブル投資手段』活用ガイドライン」46頁。

また、シード期より後に事業会社に対してオープンイノベーションの一環としてコンバーティブル投資手段を発行する場合も、コンバーティブル・ノートの利用が検討される場合がある。上記3(3)のように、シード期の資金調達とは異なり、スタートアップ企業と事業会社が連携することにより、企業価値を高めているステージであるので、社債の支払義務を負うことにより、適切にインセンティブを高める設計とすることができるという使い方が可能な場合もある(15)。

5　補論：ベンチャーデット(16)

(1)　ベンチャーデットとは

これまで述べてきたとおり、スタートアップ企業の資金調達手段としては、優先株式やコンバーティブル・エクイティなどのエクイティの発行によることが多い。他方、近年は、エクイティによる資金調達を補完する資金調達手段として、特に米国において、デットによる資金調達に注目が集まっている。

なお、本補論においては、伝統的な融資と異なり、キャッシュフロー(17)や担保への依存度が低く、将来のVC等からの資金調達の可能性を重視するスタートアップ企業向けの融資をベンチャーデットと呼ぶこととする(18)。

ベンチャーデットによる資金調達を受ける場合、ベンチャー企業は通常の借入れを行った場合と同様に元利金の支払義務を負うことになる一方、創業

---

(15)　「『コンバーティブル投資手段』活用ガイドライン」81、82頁等。

(16)　ベンチャーデットについては、佐藤正謙＝廣本 文晴「ベンチャーデットの展開～海外事例の紹介と日本の現況について～」BANKING/STRUCTURED FINANCE BULLETIN（2022年10月号）、喜多野恭夫「ベンチャー企業向けデットファイナンス/ベンチャーデットの近時の動向」PRIVATE EQUITY NEWSLETTER（2023年２月号・Vol. 3）を参考にしている。

(17)　なお、SaaS 企業等が有する安定的なキャッシュフローに着目して資金提供を行うRevenue-Based Financing というサービスも注目されている。

(18)　本項目においては、ベンチャー企業とスタートアップ企業という用語を特に区別せずに使用している。

者やVCが保有する株式の希薄化を避けることができる。

(2) ベンチャーデットの特徴

ベンチャーデットとは、上記のとおり、キャッシュフローや担保への依存度が低く、借入人の将来のVC等からの資金調達の可能性を重視する融資であり、通常の貸付けに比べると、安定したキャッシュフローや担保となる資産が乏しい状況下で行われるため、貸付人にとってはハイリスクな融資であるといえる。そのため、借入人の事業が成功した場合には、それに見合ったアップサイドとして、貸付人に対し、予め設定された価格によってスタートアップ企業の株式を購入することができる新株予約権（ワラント）が与えられることが通例である。

これまで述べてきたコンバーティブル・ノート（新株予約権付社債）の場合には、基本的には、元金及び利息の支払を行うのではなく、次回の資金調達時等において、社債の金額を株式へ転換すること（当該負債をもってエクイティの払込金に充てること）により回収を行うことがメインシナリオとして想定されている。そのため、投資家は、償還期限の到来により、法的には元本の償還請求権を有するものの、実際上は、その請求をしないことが多い。また、新株予約権が付いていることの見合いとして、当該社債等の利率は低めに設定されることがある。

一方、ベンチャーデットにおいては、デットの支払期限が来た場合にはその支払を受けることにより回収を図ることが想定されている。また、新株予約権が付与されるとしても、デットと新株予約権はあくまで別個の取引と考えられているので、新株予約権の行使により発行されるエクイティの払込みはデットとは別に行われ、払込金額は負債金額と連動しない。そして、新株予約権が付与されることにより、貸付人はアップサイドを享受することになるので、その分、社債等の利率は低めに設定されることになる。もっとも、コンバーティブル・ノートの場合と比べると、新株予約権の付与額が限定的であることも影響しているのか、借入金の利率がそこまで低く設定されることにはならないことがある。

(3) ベンチャーデットの特徴（ベンチャー企業のステージによる違い）

ベンチャー企業のビジネスモデルがいまだ確立していないアーリー期において、ベンチャーデットが利用される場合、ベンチャーデットに係る契約において、中間的な目標値（マイルストーン）や誓約条項（コベナンツ）が厳格に設定されることは通常はない。他方、ビジネスモデルが確立しており、事業が軌道に乗り、キャッシュフローの創出、企業価値の増大への道筋が見え始めたレーター期においては、ベンチャーデットの貸付人が、ベンチャーデットに係る契約において、借入人の収益や業績について厳格なコベナンツを求めたり、融資の実行をマイルストーンによって区切ったりする（すなわち、一定のマイルストーンが達成された場合に、一定の融資の実行が可能となる）ことを求めることがある。

(4) 米国におけるベンチャーデットの利用状況

❶ 市場規模

米国におけるベンチャーデットの市場規模は、金額ベースでは2019年以降330億ドルを超えて推移している。これは、米国における2022年におけるベンチャー企業による資金調達の総額である約2,383億ドルのうち、ベンチャーデット（約318億ドル）が占める割合は約13％となっており、ベンチャーデットがエクイティによる資金調達を補完するものとして相当の割合を占めていることを示している。

米国におけるベンチャーデットの総額

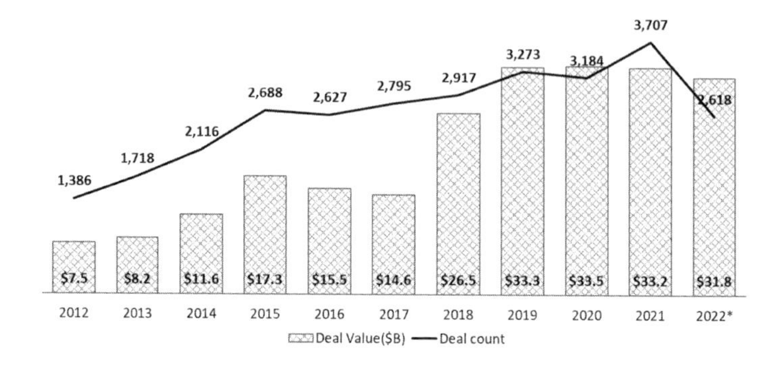

出典：PitchBook "Venture Monitor Q4 2022"(19) 27頁

ベンチャー企業の成長ステージの違いによるベンチャーデットの利用状況は以下のとおりであり、金額ベースではレート期〜グロース期による資金調達が約3分の2を占めている一方で、件数ベースでは、逆に、エンジェル・シード期〜アーリー期による資金調達が半数以上を占めている状況である。

(19) https://nvca.org/wp-content/uploads/2023/01/Q4_2022_PitchBook-NVCA_Venture_Monitor.pdf

ベンチャー企業の成長ステージごとのベンチャーデットの利用状況

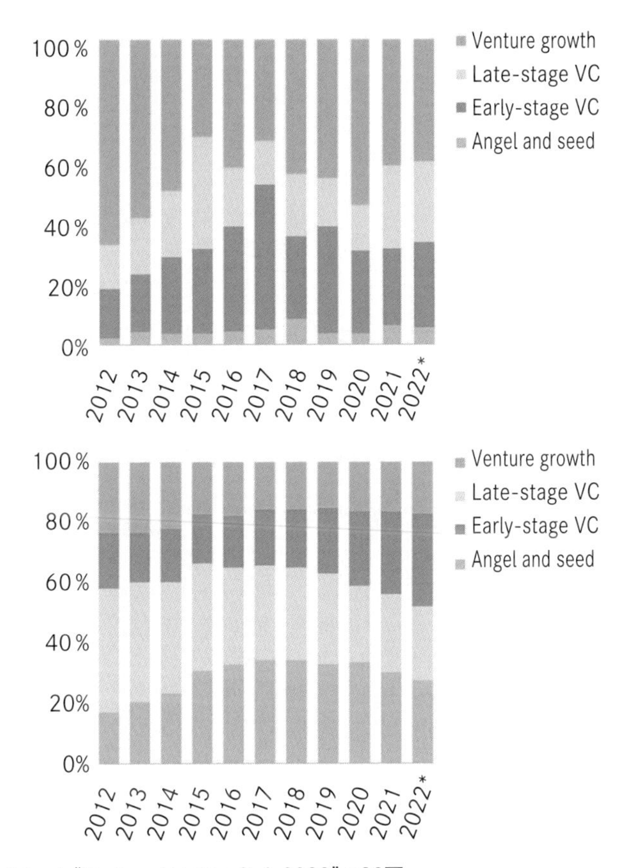

出典：PitchBook "Venture Monitor Q 4 2022"(20) 28頁

(20) https://nvca.org/wp-content/uploads/2023/01/Q4_2022_PitchBook-NVCA_Venture_Monitor.pdf

❷ 主な条件面の特徴

米国におけるベンチャーデットに関する契約の主な条件の特徴は以下のとおりである。

主な特徴	内容
タイミング	エクイティラウンドと同時又は終了直後において、スタートアップ企業に信用力がある機会を利用して、ベンチャーデットによる資金調達が行われることが多い(21)。
金額	直近のエクイティラウンドにおける調達金額の20~35%程度の金額を、ベンチャーデットにより調達することが典型的である(22)。
新株予約権（ワラント）	ベンチャーデットにおいては、上記のとおり、多くの場合、将来的に予め設定された価格によってスタートアップ企業の株式を購入することができる新株予約権が貸付人に付与される。 新株予約権の行使によって付与される株式は、借入人が発行する普通株式・優先株式のいずれも考えられるが、付与される株式の数は一般的には0.25～0.5％程度の希薄化が生じる範囲にとどまるとされており、この点は資金調達額全額が持分希薄化につながるVCからの出資と、大きく異なる(23)。

(5) まとめ

日本におけるベンチャーデット市場はいまだ未成熟であるものの、銀行な

(21) CB insights Research "What Is Venture Debt?" https://www.cbinsights.com/research/report/whatis-venture-debt/
(22) CB insights Research "What Is Venture Debt?" https://www.cbinsights.com/research/report/whatis-venture-debt/
(23) Silicon Valley Bank " Extend your startup's runway: How venture debt works"https://www.svb.com/startup-insights/venture-debt/what-is-venture-debt

どの伝統的な金融機関やベンチャーデット事業者によるベンチャーデットの手法を用いた資金提供が行われつつある状況である。スタートアップ企業の成長段階やニーズによっては、ベンチャーデットの利用を検討することも有力な選択肢となろう(24)。

(24) 例えば、あおぞら銀行傘下のあおぞら企業投資株式会社や、マネーフォワード子会社等が出資するSDFキャピタル株式会社は、ファンドを組成し、社債・新株予約権付社債を中心としてスタートアップ企業に対して、ベンチャーデットによる資金提供を行っている。

法務上のポイント　02

1　いわゆる「コンバーティブル投資手段」の具体的な契約条項

(1)　概要

上記01 4(1)❷のとおり、日本においては、コンバーティブル・ノートに対応するものとして新株予約権付社債が、コンバーティブル・エクイティに対応するものとして新株予約権を用いた手法が用いられる。

まず、コンバーティブル・エクイティとコンバーティブル・ノートは文字どおり新株予約権が株式にコンバート（転換）されることが予定されているので、その転換条件（行使条件）を定めておく必要がある。主な転換条件としては、一定規模以上の資金調達（適格資金調達）の実施、M&A Exit及び転換期限の経過が考えられる。

次に、転換条件を満たした場合に転換される株式の種類及び数を定めておく必要がある。具体的には、転換される株式は普通株式なのか、優先株式なのかといった転換後の株式の種類が定められる。株式の発行数については、新株予約権の発行時の払込価額÷転換価額で算定されるところ、この転換価額を決める際に、投資家に早期に投資したリスクに見合ったリターンを与えられるように、後に（適格資金調達時等に）出資した投資家よりも有利に扱うために払込価額当たりの発行数を有利に扱えるようにしたり（ディスカウント）、仮に、スタートアップ企業の成長が著しく、転換価額が過大になり、投資家に予期しない不利益が生じないような措置（キャップ）を行うことが考えられる。

各条項の意味及び実務上のポイントについて、以下のとおり解説する。

(2)　株式への転換条件（行使条件）と取得条項

コンバーティブル・エクイティとコンバーティブル・ノートの特徴は、発行後、一定の事由が生じた場合に、その権利が株式に「コンバート」（転換）

される点にある。株式への転換条件（行使条件）及び取得条項として定められることが多い事由としては、適格資金調達、M&A Exit、及び転換期限の経過がある。

❶　適格資金調達

コンバーティブル・エクイティとコンバーティブル・ノートの発行後のメインシナリオとしては、スタートアップ企業が順調に成長していき、一定程度の規模の追加的な資金調達を行い、さらなる成長を目指すことが考えられる。このような株式への転換を認めることになる資金調達を「適格資金調達」と定義して、発行要項において、株式の転換条件（行使条件）や取得条項として規定される。

J-KISSにおいては、「次回資金調達」という文言が用いられており、「当該発行に際し転換により発行される株式の発行総額を除く総調達額が100,000,000円以上のものに限るものとし、以下『次回株式資金調達』という。」(「J-KISS型新株予約権発行要項」(以下「J-KISS発行要項」という）5.(2)(a)(x))と定義したうえで、適格資金調達は、転換価額（後述する）算定のベース(J-KISS発行要項5.(2)(a)(x))、株式の転換条件（行使条件）(J-KISS発行要項5.(5)(a)）及び取得条項（J-KISS発行要項5.(6)(a)）において規定されている。

他方、少額の資金調達は「適格資金調達」に該当しないとされている。例えば、スタートアップ企業が、当初に投資を行ったエンジェル投資家とは異なるエンジェル投資家の要望に基づき、新株予約権ではなく、株式を少額で発行する場合に、当初のエンジェル投資家の有する新株予約権が株式に転換されることはスタートアップ企業・投資家の双方の意向に合わない。そのため、企業価値評価（バリュエーション）を行うことを前提として、スタートアップ企業の事業を次のステージに進めるために行われる一定程度の規模といえる場合の資金調達を適格資金調達と規定する必要がある。「一定程度の規模といえる場合の資金調達」として、J-KISS発行要項5.(2)(a)(x)では、1億円が仮置きされており、シード期のスタートアップ企業の場合、第1回目（シリーズA）での資金調達が適格資金調達に該当するように1億円とされることがある。

適格資金調達の金額の高低は、転換株式数自体に影響する訳ではなく、下記のディスカウントやキャップと比較すると、スタートアップ企業・投資家の間で合意に至ることは困難ではないと思われる。もっとも、あまりに高い金額にすると、資金調達を行ったとしても、意図せず適格資金調達に該当しないという事態も生じ得るので、事業を次のステージに進めるために必要な一定程度の規模として合理的な金額を検討したうえで、金額を決めることが必要である。

❷ M&A Exit

コンバーティブル・エクイティとコンバーティブル・ノートの発行後のほかのシナリオとしては、適格資金調達により株式に転換される前に、他の事業会社によるM&Aが行われることが考えられる。

このような場合の新株予約権の取扱いについては、M&Aの手法のうち、合併、吸収分割、新設分割、株式交換及び株式移転が行われる場合については、新株予約権の内容として、スタートアップ企業の新株予約権者に対して、存続会社や分割承継会社が新たに発行する新株予約権を交付すること、及び、その条件を新株予約権の内容として定めることが可能である（会社法236①八）。

しかし、このような新株予約権の取扱いを新株予約権の内容として定めた場合であっても、合併や吸収分割等の組織再編（M&A）が行われる場合に、自動的にその内容が実現されるわけではなく、新株予約権の取扱いは、当該組織再編における契約（会社法749①四・同五・758五・同六等）や計画（会社法753①十・同十一・763①十・同十一等）にしたがって決まることになる。そして、この契約や計画は、スタートアップ企業と、組織再編の相手方との間の交渉によることになり、新株予約権の内容に合致するとは限らない。

このような場合の新株予約権の取扱いを当該新株予約権の内容として定めておくことの意味としては、組織再編における契約や計画における取扱いが合致しない場合には新株予約権の買取請求権を生じさせ、新株予約権者の保護を図ることができる（会社法787①各号・808①各号等）。なお、新株予約権付社債の場合は、新株予約権について別の定めがない限り、買取請求の際に社債も合わせて買い取ることを請求することが必要とされている（会社法787②・808②等）。

より具体的にいうと、合併の場合には、消滅会社が発行している新株予約権に対して存続会社が発行する新株予約権又は金銭を対価として交付する旨を合併契約の内容に含める必要があるので（会社法749①四・753①十）、新株予約権の内容としてその取扱いを規定していなかったとしても、新株予約権の買取請求権は発生することになる（会社法787①一・808①一）。その一方で、会社分割（吸収分割及び新設分割）、株式交換・株式移転の場合には、分割契約・分割計画、株式交換契約・株式移転計画において、新株予約権の承継に関する定めを含めないことも認められており、分割契約等に新株予約権の内容としてその取扱いを規定していなければ、新株予約権の買取請求が生じないということになる（会社法787①二ロ・同三ロ・808①二ロ・同三ロ参照）。

ア　金銭の交付

スタートアップ企業がM&A等を行った場合において、新株予約権者に対して、新株予約権の発行価額の一定割合の金銭の支払を行うことにより、Exitの機会を設定するということが通常行われる。

金銭の交付が行われる事由は、「支配権移転取引」（なお、J-KISS発行要項5.(2)(c)においては「支配権移転取引等」と定義されている）と定めて、上記の会社法上の新株予約権の内容として新株予約権の引継ぎを定めることができる組織再編（合併、会社分割、株式交換、株式移転）のほか、株式譲渡（株主の過半数が移転されるもの）、資産の（実質的に）全部の譲渡等及び解散・清算といったものまでカバーすることが多い。

そして、新株予約権者に対して支払う一定割合の金銭については、スタートアップ企業と投資家の間の交渉のポイントとなり得るので、スタートアップ企業の実態や諸条件を踏まえて交渉・協議する必要がある。なお、

J-KISS発行要項5.(7)(a)では、新株予約権の発行価額の2倍とされている一方で、SAFEにおいては1倍と規定されていることが参考となる。

なお、スタートアップ企業の買収が行われる場合、スタートアップ企業には新株予約権を買い取るための原資がないこともある。このような場合において、買収者として、潜在的な持分が残ることを回避するために、スタートアップ企業に新株予約権の譲渡制限を解除してもらった上、買収者自身で新株予約権の買取りを行うことがある。金銭でのExitについて新株予約権に定めておくことにより、事実上、買収者自身による新株予約権の買取りを促す効果が生じることもある。

イ　株式の交付

投資家のなかには、Exitの段階で、新株予約権の発行価額の1倍や2倍といった金銭を受け取るのではなく、株式への転換を望むことも考えられる。このような投資家は、転換した株式を保有し続けることにより、将来的に買収価額がより大きなM&Aが生じた際に、新株予約権の発行価額の1倍や2倍といった金額よりも大きなアップサイドを取ることを期待しているのである。

このような場合には、「支配権移転取引」があったことを、新株予約権の転換条件（行使条件）と定めることが考えられる。

但し、メインシナリオとして適格資金調達による転換を想定している場合において、適格資金調達前にM&AによるExitが行われることとなった場合には、仮に、金銭によりExitする投資家と、株式に転換する小口の投資家に分かれると、スタートアップ企業の立場として、買収者との交渉を行いづらく、ストラクチャーを決めにくいため、M&Aが円滑に進まなくなるリスクが生じ得る。そのため、出資額の過半数等、一定の割合を保有する投資家が承認した場合に限って新株予約権の行使を認めることが多いと考えられる。

なお、M&A Exitの際は、優先株式を念頭に置いた適格資金調達は生じていないので、（それまでに何らの優先株式も発行されていなければ）普通株式に転換されるのが通常である。

❸ 転換期限の経過

当初想定していたシナリオと異なり、適格資金調達やM&A Exitが行われることがない場合、新株予約権付社債については、償還期限が到来すれば、少なくとも法的にはスタートアップ企業に対して社債の償還を請求することができる（なお、実際に請求するか否かは、投資家側において、請求した場合のレピュテーション等を踏まえた判断がなされるところである）。

また、新株予約権そのものについては、このような場合には、新株予約付社債と異なり、金銭の支払請求は何らの定めがない限りできない。また、新株予約権者は行使前の時点では株主ではないので、株主としての権利行使もできない。そこで、適格資金調達やM&A Exitが行われる見込みがないような場合に備え、投資家としては、資金回収の機会を確保するために、一定の期限を定め、当該期限の経過を転換条件（停止条件）と規定しておきたいというニーズがあり、当該期限を新株予約権の内容として定めることが考えられる。このような定めを転換期限という。

具体的な転換期限としては、J-KISS発行要項5.(2)(b)においては、18か月と規定されている。他方、SAFEには、そもそも転換期限は定められていないので、そもそも転換期限を設定するか否か、設定する場合にはJ-KISSの18か月から変更するか否かは、スタートアップ企業と投資家の間の交渉事項となり得る。この検討に際しては、事業計画やその実現見込み、考えられるリスク要因、株式による資金調達が必要になる時期の目途等、スタートアップ企業の実情に応じた検討を行ったうえで、投資家と交渉する余地がある。

転換期限を設定したものの、それまでに適格資金調達やM&A Exitが行われる目途が立たない場合があり得る。そのような場合、事業の状況によってはスタートアップ企業が投資家と交渉・説得して、新株予約権の行使を猶予してもらうことがある。そのような場合に、転換期限の経過で直ちに一部の投資家が個別の判断で新株予約権の行使が行われる場合には、スタートアップ企業側として今後の事業成長に支障が生じることがある。そのため、転換期限の経過による新株予約権の行使には、過半数等の一定の投資家の承諾が必要であるという建付にしておくことが考えられる（例えば、J-KISS発行要項5.(5)(b)）。これにより、スタートアップ企業としては、事業計画を修正等したとしても、適格資金調達やM&A Exitが合理的に見込まれることを多数の投資家の同意を得られれば、一部の投資家から理解が得られず、不合理に反対されたとしても、全ての新株予約権について、権利行使の猶予を受けることができる。

そのほか、スタートアップ企業として、投資家として事実上合意するのみでは、新株予約権を行使されるリスクが残る点を懸念する場合には、投資家との合意により、新株予約権の内容を変更して転換期限を延長することが考えられる。なお、社債の償還期限についても同様に延長することが考えられる。

前提として、新株予約権の内容を事後的に変更することは可能である。転換期限を延長するための新株予約権の内容を事後的に変更するための手続としては、新株予約権者の同意に加え、新株予約権の発行時と同様の会社法等の手続が必要であると考えられている(25)。この点を踏まえて、新株予約権や新株予約権付社債の引受契約（投資契約）において、処理が円滑になされるように「本会社と多数投資家が書面により合意した場合、本シリーズ新株予約権の内容の全部又は一部はかかる合意にしたがい変更され、又は本シリーズ新株予約権の全部若しくは一部の条件は放棄されるものとする。この場合、本投資家は、変更又は放棄につき必要となる書面の作成及び契約の締結に協力しなければならない。」（「J-KISS型新株予約権投資契約書」（以下「J-KISS投資契約」という）5.13条2項）等と規定する例もある。

(3) 転換時の条項

❶ 転換する株式の種類

上記の転換条件（行使条件）を満たした場合、新株予約権は株式に転換さ

---

(25) 髙田剛『実務家のための役員報酬の手引き〔第2版〕』平29、214－219頁

れる。転換後の株式としては、基本的には、配当や財産処分に関して他の普通株式より優先する種類株式の発行が想定される（種類株式については**第1部**参照）。適格資金調達が行われる場合、例えば、A種優先株式が発行されると、新株予約権の行使によって当該A種優先株式と通常同じ株式が発行される。もっとも、新株予約権の行使を行った投資家に対しては、株式の内容ではなく、下記のディスカウントといった転換価額を通じた株式数の調整（適格資金調達時に出資した投資家よりも、帳簿価額当たりの株式発行数を多くする）により、早期にリスクを取って投資を行ったことに見合うリターンを得させるものであるので、適格資金調達における株式の発行価額と転換価額部分（及び、これに伴う残余財産の優先分配額等）のみが異なり、その他はA種優先株式と同じ形式のA2種優先株式を発行するという処理が行われることが多い。

具体的な条項として、J-KISS発行要項５.(1)(a)では以下のとおりと規定されている。

> 本新株予約権の目的たる株式の種類（以下「転換対象株式」という。）は、当会社の普通株式とする。但し、次回株式資金調達（第(2)(a)(x)号に定義される。以下同じ。）において発行される株式が普通株式以外の種類株式である場合には、以下のいずれかとする。
> (x) 当該種類株式の発行価額が転換価額（第(2)(a)号に定義される。以下同じ。）と同一の場合には、当該種類株式
> (y) 当該種類株式の発行価額が転換価額と異なる場合には、当該種類株式の内容につき、１株あたり残余財産優先分配額及び当該種類株式の取得と引き換えに発行される普通株式の数の算出上用いられる取得価額が転換価額と等しくなるよう適切に調整され、その他必要な調整が行われた当該種類株式とは異なる種類株式

一文目において、原則として普通株式に転換されるとされている理由は、

典型的には、シード期のスタートアップ企業では種類株式（優先株式）が発行されていないことが多く、新株予約権の発行時点において具体的な種類株式（優先株式）を特定できないからである。新株予約権の発行時において、既に具体的な種類株式（例えば、A種優先株式[26]）が発行されている場合には、（普通株式ではなく）当該種類株式名が記載されること（例えば、「A種優先株式とする。」等）が多い。

また、適格資金調達が行われず、M&A Exitや転換期限の経過により、新株予約権を行使する場合は、他に優先株式が発行されていない際には、普通株式に転換されることが想定される。他方、すでに優先株式が発行されている際（例えば、既にシリーズAとして、A種優先株式の発行による資金調達が行われており、その後に、コンバーティブル・ノートによりつなぎ融資を行う場合）には、既に発行されているA種優先株式に転換するよう定めることになる。

❷ ディスカウント

スタートアップ企業（特にシード期）に投資する投資家は、事業の不確実性が高い初期に投資を行ったことから、後続の投資家と比べて多くの経済的利益を求める。このように早い時期に出資してリスクを取った投資家に見合ったリターンを与えるための仕組みがディスカウント（割引）である。

新株予約権を転換して得られる株式の数は、以下の計算式で算出される。

$$\text{株式数} = \frac{\text{（社債又は新株予約権自体の）払込金額の総額}}{\text{転換価額}}$$

(26) なお、種類株式の名称について、米国の実務を参考に、最初の本格的な資金調達を行う場合に発行する種類株式を「A 種優先株式」（Series A、Class A）と規定する例が多い。もっとも、このような取扱いは、あくまで実務上の取扱いであり、法令上必須ではないので、他に「甲種」「乙種」といった名称が用いられることもある。

（社債又は新株予約権自体の）払込金額の総額とは、社債又は新株予約権自体の発行時に投資家から払い込まれた金額であり、当該発行時に確定するものである。「転換価額」は新株予約権を株式に転換する際に決める価額（算定方法は後述する）をいう。上記計算式は「転換価額」を当該払込金額の総額よりも低く設定すればするほど株式数が増加することを表している。

具体的には、払込金額の総額が1,000万円、「転換価額」が１万円である場合の株式数は1,000株となる。これに対して、払込金額の総額が1,000万円、「転換価額」が5,000円である場合の株式数は2,000株となる。このように「転換価額」を低く設定した方が株式数が増加することになる。実務上、早期に投資を行った投資家は、適格資金調達時などに投資を行う後続の投資家と比べて、より多くのリスクを負ったことを踏まえ、より低い「転換価額」の設定を求めることにより、リスクに見合った回収を図ることになる。

「転換価額」の算定方法は、以下のとおりである。下記⑴がディスカウント、下記⑵がキャップ（上限）を表しており、両方を規定した場合にはその低い方の額が「転換価額」となる（キャップについては、下記❸を参照）。

> 転換価額は、以下のうちいずれか低い額
> ⑴　適格資金調達における募集株式の１株当たりの払込金額に0.XXを乗じた額（※本項目はディスカウントを意味している）
> ⑵　○○円（評価上限額）を、適格資金調達の払込期日の直前における完全希釈化後株式数で除して得られる額（※本項目はキャップを意味している）

ディスカウントは、適格資金調達における募集株式の１株当たりの払込金額に「0.XXを乗じた額」という定め方がなされる（他にXX％、XX倍という定め方もある）。具体的なディスカウントの数値としては、適格資金調達で発行される株式１株当たりの発行価額の0.9（90％）や0.8（80％）といった形で定められる。J-KISS発行要項５．⑵(a)(x)においては、0.8が仮置きされてい

る。

例えば、適格資金調達より前における払込金額の総額が1,000万円（株式数の計算式の分子）、適格資金調達においてA種優先株式の１株当たりの払込金額を１万円とする際に、仮にディスカウントの定めがないとする（換言すれば、上記(1)の金額を適格資金調達における募集株式の１株当たりの払込金額に1を乗じた額とする）。説明の便宜上、キャップの適用はないとすると、この場合、「転換価額」は適格資金調達における募集株式の１株当たりの払込金額と同じとなり、株式数は1,000株（＝1,000万円÷１万円）となる。しかし、これでは、適格資金調達より前に出資してリスクを取った投資家と適格資金調達に際して同額の投資を行った投資家を同様に取り扱うこととなってしまい、前者の投資家に、より大きなリターンを与えることができない。

これに対して、ディスカウントを0.8と定めていた場合は、「転換価額」は8,000円（＝１万円×0.8）となる。このとき、株式数は1,250株（＝1,000万円÷8000円）となり、適格資金調達より前に出資していた投資家は、適格資金調達に際して同額の投資を行った投資家よりも250株多くの株式を取得することができることになる。

	払込金額	転換価額	転換後の株式数
ディスカウントがない場合	1,000万円	１万円	1,000株
ディスカウントがある場合	1,000万円	8,000円	1,250株

ディスカウントの交渉については、ディスカウント・レートの数値自体にそこまで幅がある訳ではないので、キャップと比較すると、交渉や決定にかかる労力は相対的に少なく済むと考えられるが、基本的な考え方としては、0.8を基準として、出資の時期（他の投資家といずれが早いか。例えば、同じ新株予約権について時期を隔てて２回発行する場合には、どの程度の時期が空くかにもよるが、先に投資した投資家のディスカウントを0.8、後に投資した投資家のディスカウントを0.9などと差を付けることなどが考えられ

る）やキャップの有無・高低等といった要素を勘案して調整することになると考えられる。なお、実際には、具体的な資金調達の個別の事情を踏まえて検討する必要があるので、上記はあくまで基本的な考え方である。

❸ キャップ

ア　意義・内容

キャップとは上限を表しており、ここでは転換価額の上限という意味を有する。スタートアップ企業が著しく成長し、適格資金調達の規模が、当初の出資と比較して非常に増加した場合（又は、過大評価されている場合）には、キャップを定めなければ、適格資金調達における種類株式の発行価額が高額となり、転換価額が非常に大きくなる（すなわち、計算式における分母が大きくなる）結果、新株予約権者に付与される株式数が少なくなる可能性がある。

具体的には、適格資金調達より前において1,000万円を払い込み、新株予約権を取得した後（すなわち、適格資金調達より前における払込金額の総額が1,000万円）、適格資金調達においてA種優先株式の１株当たりの払込金額が１万円、ディスカウントが0.8である場合を想定する。この場合、転換価額は8,000円（＝１万円×0.8）となり、転換によって新たな種類株式1250株（＝1,000万円÷8,000円）を取得することになる。

他方、もしスタートアップ企業が著しく成長し、適格資金調達において10億円の資金調達を行い、A種優先株式１万株を発行する（１株当たりの払込金額は10万円）と仮定する。この場合、ディスカウントを0.8とすると、転換価額は８万円（＝10万円×0.8）となり、転換によって取得できる新たな種類株式の株式数は125株（＝1,000万円÷８万円）となってしまう。

こうなると、投資家としては、企業価値が上昇するほど取得する株式数が減るため、リスク回避としてそもそも投資を行わないという判断に至ることもあり得る。このような結果を回避するため、分母である転換価額の増大に歯止めを掛け、転換後に取得する株式数を一定程度確保することにより投資家を保護するための仕組みが必要となる。そこで、上記❷のとおり、転換価額の算定方法について、ディスカウントに加え、キャップを規定したうえで、その低い方の額と規定することがある（キャップの具体的な規定としてはJ-KISS発行要項５.⑵(a)(y)参照）。

上記具体例において、仮に５億円のキャップを定めていた場合、A種優先株式への転換価額の算定において、ディスカウントに基づく転換価額（適格資金調達における募集株式の１株当たりの払込金額に0.8を乗じた額）は８万円（＝10万円×0.8）、他方で、キャップに基づく転換価額（５億円を、適格資金調達の払込期日の直前における完全希釈化後株式数で除して得られる額）は５万円（＝５億円÷１万株）となる。転換価額はいずれかの低い額であると定められているため、キャップに基づく転換価額５万円を基礎として転換後の株式数が計算されることとなる。そうすると、A種優先株式への転換株式数は200株（＝1,000万円÷５万円）となり、株式数の減少に歯止めを掛けることができる（ディスカウントに基づく転換価額を基礎とすると、取得できる新たな種類株式の株式数は、125株（＝1,000万円÷８万円）に留まる）。

	払込金額	適格資金調達の払込金額	キャップによる転換価額	ディスカウントによる転換価額	転換後の株式数
キャップがある場合	1,000万円	10万円	—	８万円	125株
キャップがない場合	1,000万円	10万円	５万円	８万円	200株

キャップをいくらに設定するのかは、スタートアップ企業・投資家の重要な交渉ポイントとなり得る。次の適格資金調達時点までのスタート

(27) 「『コンバーティブル投資手段』活用ガイドライン」54、67頁。

アップ企業のバリュエーションがどの程度上昇することを見込んでいるのか、及び、投資家としては、どの程度までの上昇（による転換株式数の減少）であれば許容できるのかを踏まえて交渉が行われる。将来の一定時点におけるバリュエーションを見込んだうえで、その許容の範囲が明確になるよう交渉することがキャップである。そのため、キャップは、ディスカウントと異なり、一般的な水準・相場といった一定の基準となる数値がある訳ではなく、また、その金額の幅が大きく、さらに、投資家側の利害に大きく影響し得る点に特徴がある。

以上から、スタートアップ企業と投資家のそれぞれが事業計画やその実現可能性等に関して異なるイメージを持っている場合などには、交渉に多大な労力・時間が必要となる場合が多い傾向があると考えられる(27)。スタートアップ企業としては、将来の一定時点におけるバリュエーションについて、自社なりのシナリオを構築・説明して投資家と交渉することが必要である。なお、キャップは、交渉の結果として最終的には定めない場合もある。

イ　交渉上の注意点

キャップは、新株予約権の内容であるので、一度設定した後に、変更することが可能であると考えられている。その場合には、上記(2)❸のとおり、新株予約権者の同意に加えて、会社法上の手続が必要となる。そのため、適格資金調達の見込みが具体化した段階でバリュエーション（の見込み）を算出した際に、当初の見込みとの乖離が大きく、キャップの変更が必要と思われる場合には変更を行うことも考えられる。

もっとも、スタートアップ企業として、当初は投資家の意向に沿って低めのキャップを受け入れたうえで、その後、キャップの変更を打診しようと思っていたとしても、後のタイミングで投資家からキャップを上げることに同意してもらえる保証はない。したがって、スタートアップ企業としては、高めのキャップを打診することになろう。他方で、投資家側から見れば、後にスタートアップ企業がキャップの切下げに同意しない可能性があるため、最初から高めのキャップを受け入れない姿勢を持つことも考えられる。そのため、スタートアップ企業が投資家に対して高めのキャップを打診したとしても、実際上、それが容易に受け入れられる訳ではない点に注意が必要である。

また、キャップの有無・金額はディスカウントの有無・数値にもよる点に注意が必要である。例えば、投資家側の意向に沿ってキャップを低めに設定する場合には、その分投資家のリターンを少なくするために、ディスカウントの数値を高くする（例えば、ディスカウントの数値を0.8ではなく0.9にする等）ことが考えられる。他方、スタートアップ企業の意向に沿ってキャップを付けない場合には、その分、投資家側のリターンを確保するために、ディスカウントの数値を低くすることが考えられる（例えば、ディスカウントの数値を0.8ではなく0.7にする等）。

(4) その他（契約上の権利―情報請求権・優先引受権等）

前提として、新株予約権は、株式とは異なり、会社に対する議決権や帳簿閲覧権といった会社の状況をモニタリングする権利や、配当や会社財産の分配を受ける権利は有していない。新株予約権付社債の場合も同様である。

このような中で、投資家としては、スタートアップ企業の財務状況や事業計画等を把握しておきたいというニーズが考えられ、もし出資したとしてもこれらの状況を把握できないのであれば、そもそも出資しないという判断に至る場合も考えられる。

そのため、このような投資家の合理的なニーズを満たすために、特にシード期においては、シード期の投資家に与えることが公平であろうと考えられる権利を契約上の権利として定めることが多く行われている。但し、これらの権利は、必ず与えなければならないものではないし、これ以上与えてはならないものでもない。

❶ 情報請求権

投資家がスタートアップ企業の経営状況をモニタリングできるよう、スタートアップ企業の一定の情報を請求する権利を与えることがある（いわゆる情報請求権）。会社法上、新株予約権は行使により株式に転換するまでのつなぎとして規定されているので、株式とは異なり、このような請求権は規定されていない。

一定の情報の範囲としては、以下が考えられる（規定例としてJ-KISS投資契約５．２条(1)参照）。

一定の情報の範囲 ①　貸借対照表、損益計算書、株主資本等変動計算書及びキャッシュフロー計算書等の計算書類（年次及び四半期） ②　投資家が請求した場合に随時、（合理的な範囲での）会社の財務状態及び事業運営に係る情報

この情報の範囲は、投資家の情報ニーズに基づいて決められるので、投資家の状況によって異なる。例えば、投資家において、投資先管理のための社内稟議や説明資料として必要な情報がある場合には、投資家側でそのような事情・理由をスタートアップ企業に説明して、一定の情報の範囲に含めることが考えられる。

他方で、特にシード期において、小口の投資家を含む全ての投資家に対して、このような権利を与えると、スタートアップ企業における管理コストが増加してしまうため、上記請求権については、一定以上の出資を行った投資家（例えば、「主要投資家」等と定義されることがある）に限定するということが行われる場合がある。

❷　優先引受権

ある投資家がコンバーティブル・エクイティとコンバーティブル・ノートにより出資を行った後に、スタートアップ企業が適格資金調達を行う場合、適格資金調達により新株発行を行った分だけ、（投資家が潜在的な持分として把握していた）持分比率が低下することになる。また、ディスカウントやキャップの定めにもよるが、転換価額が（投資家の当初の想定よりも）高くなった場合には、分母が大きくなるため、付与される株式数が減少するので、投資家の持分比率が低下し得る。さらに、適格資金調達前に、適格資金調達には該当しない規模での資金調達として、コンバーティブル・エクイティとコンバーティブル・ノートによる資金調達が行われることも考えられ、そのような場合も将来、権利行使された段階で（転換後の）持分比率が低下することになる。

投資家側のニーズとして、このような持分の減少（ダイリューション）という結果を回避するために、(i)適格資金調達、(ii)適格資金調達に至らない規模の資金調達のうち、新株予約権、新株予約権付社債又は株式によるものが行われる場合に、新株予約権者に対して、追加出資を行うことにより、同一の条件で新株予約権、新株予約権付社債又は株式を引き受けることができる権利（いわゆる優先引受権）を与えることがある。

他方、小口の投資家を含む全ての投資家に対して、優先引受権を与えると、情報請求権と同様に、スタートアップ企業における管理コストが増加してしまうため、優先引受権については、一定以上の出資を行った投資家（例えば、「主要投資家」等と定義されることがある）に限定するということが行われる場合がある（規定例としてはJ-KISS投資契約５．２条(2)参照）。

但し、この点については、無限定にこのような権利を付与すると、新たに投資を行う投資家が希望する一定の持分比率を実現できないことや、（優先引受権が行使されるか否かは事前には分からないため）持分比率の予測がつかないこと等を踏まえ、優先引受権に一定に上限を設定することがある（例えば、J-KISS投資契約１．１条(4)、５．２条(2)においては、「参加上限額」として、払込金額の２倍に相当する金額が仮置きされている）。

❸ 最恵待遇条項

情報請求権及び優先引受権のほかに、包括的にいわゆる最恵待遇条項を設け、「今後の一番有利な契約内容に自動的に調整される」等の定めをしている例もある。このような定めについては、条項自体はシンプルではあるものの、一度定めるとその後に締結された投資関連契約のうち、有利な権利を投資家に一律に与えるという強い効果がある。また、何をもって「有利」と評価するかについての判断は必ずしも明確ではなく、投資家側とスタートアップ企業側で見解に相違が生じ得る。そのため、最恵待遇条項を設ける場合には、このような点も踏まえた慎重な検討が必要となる。

なお、J-KISS投資契約5．1条が定める「最恵待遇条項」は、上記の「自動的に契約内容や新株予約権の内容が変更される」という建付とは異なり、事後に別のコンバーティブル・エクイティやコンバーティブル・ノート等による資金調達を行う場合に、その発行又は付与の実行日から5日以内に投資家に通知することを義務付けたうえで、投資家が新たな投資家に有利な条項を含んでいると判断した場合、その選択により、契約の内容を変更して事後の資金調達における契約条項と同内容の条項を含めることや、新株予約権を新たな内容の新株予約権に交換することを、スタートアップ企業に対して請求することができる、という建付になっている。

2　会社法上の手続

(1)　新株予約権の発行等

❶　新株予約権の内容

新株予約権の発行にあたっては、まず、新株予約権の内容を決める必要があり、主な内容は以下のとおりである（会社法236①)。この内容は、下記❷で述べる新株予約権の募集事項の一部となる（会社法238①一)。

主な新株予約権の内容（会社法236①)

①　当該新株予約権の目的である株式の数又はその数の算定方法（会社法236①一)

②　当該新株予約権の行使に際して出資される財産の価額又はその算定方法（会社法236①二)

③　当該新株予約権を行使することができる期間（会社法236①四）
④　譲渡による当該新株予約権の取得について当該株式会社の承認を要することとするときは、その旨（会社法236①六）
⑤　当該新株予約権に関する取得事由等（会社法236①七）
⑥　組織再編時における新株予約権の取扱い（会社法236①八）
⑦　新株予約権を行使した新株予約権者に交付する株式の数に一株に満たない端数がある場合において、これを切り捨てるものとするときは、その旨（会社法236①九）
⑧　新株予約権証券を発行することとするときは、その旨（会社法236①十）

上記①につき、発行された新株予約権が一定の行使条件を満たして権利行使された場合に発行される株式が「当該新株予約権の目的である株式」である。そして、コンバーティブル・エクイティの場合は、株式の「数」自体ではなく、その「算定方法」を定めることにより、新株予約権の発行時においては厳密なバリュエーションを不要とすることができ、上記のメリットを生じさせることができる。

なお、その他、新株予約権の行使条件については、会社法上定められていないものの、これは当然定めることができると考えられている(28)。

❷　募集事項の決定及び当該決定の手続

ア　募集事項の決定

発行する新株予約権を引き受ける者を募集しようとする場合は、その都度、募集事項を定める必要があり、主な内容は以下のとおりである（会社法238①）。

「募集事項」の概要（会社法238①）
①　募集新株予約権の内容及び数（会社法238①一）

(28)　会社法911③十二ニ参照。

② 募集新株予約権と引換えに金銭の払込みを要しないこととする場合には、その旨（会社法238①二）
③ 募集新株予約権と引換えに金銭の払込みを要することとする場合には、募集新株予約権の払込金額又はその算定方法（会社法238①三）
④ 募集新株予約権を割り当てる日（会社法238①四）
⑤ 募集新株予約権と引換えにする金銭の払込みの期日を定めるときは、その期日（会社法238①五）
⑥ （新株予約権付社債の場合）募集社債に関する事項等（会社法238①六、七）

上記①における「募集新株予約権の内容」が、上記❶で述べた新株予約権の内容に対応する。

また、コンバーティブル・エクイティの場合は、上記③の「募集新株予約権と引換えに金銭の払込みを要することとする場合」として新株予約権の払込金額（対価）を定め、金銭の払込みを受けることで資金調達を行うことになる。他方、新株予約権付社債の場合は上記②の「募集新株予約権と引換えに金銭の払込みを要しないこととする場合」とすることになる。この点について、新株予約権付社債の発行時に投資家が払い込む金銭は、新株予約権の払込価額ではなく、あくまで社債の対価である。

上記④における新株予約権の割当日は、新株予約権発行の効力発生日となる（会社法245①）。

上記⑤について、会社法においては、新株予約権の払込期日を定めないことも可能である。新株予約権の払込期日を定めない場合は、新株予約権の行使期間（会社法236①四）の初日の前日が払込期日となる（会社法246①）。

イ　募集事項の決定の手続

スタートアップ企業では非公開会社（発行する全ての株式に譲渡制限を付している会社）が通常想定されるところ、非公開会社における新株予約権の募集事項の決定は株主総会の特別決議によって行うことが原則である（会社法238②・309②六）。

もっとも、株主総会において、その特別決議により、(i)その委任に基づいて募集事項の決定をすることができる募集新株予約権の内容及び数の上限、(ii)上記(i)の募集新株予約権につき金銭の払込みを要しないこととする場合には、その旨、(iii)上記(ii)に規定する場合以外の場合には、募集新株予約権の払込金額の下限、を定めて募集事項の決定を取締役（取締役会設置会社の場合は取締役会）に委任することができる（会社法239①・309②六）。当該株主総会決議は、割当日が当該決議の日から１年以内の日である新株予約権の募集についてのみその効力を有する（会社法239③）。

また、非公開会社において新株予約権の株主割当てを行う場合には定款に定めがある場合に限り、取締役の決定（取締役会設置会社である場合を除く）又は取締役会の決議によって募集事項を定めることができる（会社法241③一、二）。当該定款の定めがない場合には、株主総会の特別決議が必要である（会社法241③四・309②六）。この場合、株主は、その有する株式の数に応じて募集新株予約権の割当てを受ける権利を有する（会社法241②）。

❸ 募集新株予約権の申込み及び割当て等

ア　募集新株予約権の申込み及び割当て

(a)　募集事項等の通知

募集事項の決定を行った場合、新株予約権の募集に応じて募集新株予約権の引受けの申込みをしようとする者に対して、(i)株式会社の商号、(ii)募集事項、(iii)新株予約権の行使に際して金銭の払込みをすべきときは、払込みの取扱いの場所、及び(iv)その他会社法施行規則54条各号で定める事項を通知する必要がある（会社法242①一〜四）。通知の形式については特に定められておらず、書面送付のほか、電子メール等電磁的方法により行うことも許容されていると考えられている。

(b)　募集新株予約権の申込み

当該募集新株予約権の引受けの申込みをする者は、(i)申込みをする者の氏名等、(ii)引き受けようとする募集新株予約権の数を記載した書面（会社の承諾がある場合は、電磁的方法も可能である。会社法242③）を会社に交付する必要がある。

(c)　募集新株予約権の割当て

その後、会社は、申込みがあった者の中から、募集新株予約権を割り当てる者を定め、かつ、その者に割り当てる募集新株予約権の数を定める必要がある（会社法243①）。この場合において、割り当てる募集新株予約権の数を、会社に申込みがあった数よりも減少することができる（会社法243①）。

また、(i)募集新株予約権の目的である株式の全部若しくは一部が譲渡制限株式である場合、又は、(ii)募集新株予約権が譲渡制限新株予約権（新株予約権であって、譲渡による当該新株予約権の取得について株式会社の承認を要する旨の定めがあるものをいう）である場合は、株主総会（取締役会設置会社にあっては、取締役会）の決議による必要がある（会社法243②一、二）。但し、定款に別段の定めがある場合は、この限りではない（会社法243②但書）。

会社は、割当日の前日までに、申込者に対し、当該申込者に割り当てる募集新株予約権の数を通知する必要がある（会社法243③）。

イ　総数引受契約による場合

実務上は、上記の原則的な方法ではなく、総数引受契約という別の方法により引受人を確定させるのが通常である。総数引受契約とは、募集新株予約権を引き受けようとする者がその総数の引受けを行う契約のことをいい、総数引受契約を締結する場合には、会社法242条及び会社法243条が適用されず、上記の募集事項等の通知、募集新株予約権の申込み、及び、募集新株予約権の割当ての手続は不要となる（会社法244①）。

なお、総数引受契約については、契約書が１通であることや契約当事者が１人であることは必要とされておらず、会社が複数の契約書で複数の当事者との間で契約を締結する場合であっても、「実質的に同一の機会に一体的な契約で募集株式の総数の引受けが行われたものと評価しうる」場合は総数引受契約と解されていることについては上記**第１部**第１章01の5(5)のとおりである。

❹　新株予約権者となる日

募集新株予約権の割当てを受けた者又は総数引受契約により募集新株予約権の引受けを受けた者は、割当日に新株予約権者となる（会社法245①)。これは、新株予約権者が、払込期日に払込金額の払込みを行うか否かにかかわらず、割当日に新株予約権者となることを意味しており、出資の履行を行うことにより株主となることができる募集株式の発行の場合（会社法209①）とは異なる。

❺　新株予約権に係る払込み

募集新株予約権と引換えに金銭の払込みを要する場合（会社法238①三)、新株予約権者は、募集新株予約権を行使することができる期間（会社法236①四）の期間の初日の前日（募集新株予約権と引換えにする金銭の払込期日を定めているときは当該払込期日。会社法238①五）までに、会社が定めた銀行等の払込みの取扱いの場所において、払込金額の全額を払い込む必要がある（会社法246①)。

また、新株予約権者は、会社の承諾を得て、払込金額の払込みに代えて、払込金額に相当する金銭以外の財産を給付し、又は会社に対する債権をもって相殺することができる（会社法246②)。なお、この場合には、新株予約権という一種の債権の取得に過ぎず､株式の払込みそのものではないことから、検査役の調査は要求されない(29)。

新株予約権者が所定の払込期日までに払込金額の全額の払込み（当該払込みに代えてする金銭以外の財産を給付、又は、会社に対する債権をもってす

(29)　江頭822頁。

る相殺を含む）をしない場合は、新株予約権者は、当該募集新株予約権を行使することができない（会社法246③）。そして、新株予約権者がその有する新株予約権を行使することができなくなったときは、当該新株予約権は消滅する（会社法287）。

❻ 新株予約権原簿

会社は、新株予約権を発行した日以後遅滞なく、新株予約権原簿を作成し、新株予約権の区分に応じて所定の事項を記載又は記録する必要がある（会社法249①一～三）。新株予約権原簿は書面又は電磁的方法のいずれの方法で作成することも可能である。

新株予約権原簿に氏名又は名称及び住所が記載された新株予約権者は、会社に対し、当該新株予約権者についての新株予約権原簿に記載され、若しくは記録された新株予約権原簿記載事項を記載した書面の交付、又は当該新株予約権原簿記載事項を記録した電磁的記録の提供を請求することができる（会社法250①）。

また、会社は、新株予約権原簿をその本店（株主名簿管理人がある場合にあっては、その営業所）に備え置く必要がある（会社法252①）。株主及び債権者は、会社の営業時間内は、いつでも、新株予約権原簿が書面をもって作成されているときは、当該書面の閲覧又は謄写の請求、新株予約権原簿が電磁的記録をもって作成されているときは、当該電磁的記録に記録された事項を紙面又は映像面に表示したものの閲覧又は謄写の請求をすることができる。この場合においては、当該請求の理由を明らかにしなければならない（会社法252②）。当該請求があった場合は、会社は、会社法252条３項各号に該当する場合を除き、当該請求を拒むことができない。

会社が新株予約権原簿を作成することにより、新株予約権者に対してする通知又は催告は、新株予約権原簿に記載し、又は記録した当該新株予約権者の住所（当該新株予約権者が別に通知又は催告を受ける場所又は連絡先を当該会社に通知した場合は、その場所又は連絡先）にあてて発すれば足りることになり、当該通知又は催告は通常到達すべきであった時に到達したものとみなされる（会社法253①②）。

❼ 新株予約権の行使

新株予約権の行使は、行使する新株予約権の内容及び数と新株予約権を行使する日を明らかにして行う必要がある（会社法280①一、二）。

資金調達手段としての新株予約権については、新株予約権の行使に際してする出資の金額は会社法上ゼロ円とすることができないため、1円(30)等の低廉な金額とすることが多い。また、このように金銭を新株予約権の行使に際してする出資の目的とするときは、新株予約権者は、新株予約権を行使する日において、会社が定めた銀行等の払込みの取扱いの場所において、その行使に係る新株予約権の行使に際して出資される財産の価額の全額を払い込む必要がある（会社法281①・236①二）。なお、新株予約権の行使に係る払込みは、新株予約権の発行に係る払込み（会社法246②）と異なり、会社に対する債権をもって相殺することができないので、注意を要する（会社法281③）。

また、新株予約権者は、当該新株予約権を行使した日に、当該新株予約権の目的である株式の株主となる（会社法282①）。

新株予約権を行使した場合において、当該新株予約権の新株予約権者に交付する株式の数に1株に満たない端数があるときは、会社は当該新株予約権者に対し、当該株式が市場価格のない株式である場合は、1株当たり純資産額にその端数を乗じて得た額に相当する金銭を交付する必要がある（会社法283二）。但し、新株予約権の内容として、当該端数を切り捨てる旨の定め（会社法236①九）がある場合は、上記金銭の交付は不要である（会社法283但書）。資金調達手段としての新株予約権については、端数切捨ての定めを記載する例が多いと思われる。

❽ 新株予約権の登記

新株予約権を発行した場合は、本店所在地において割当日（会社法238①

---

(30) 例えば、J-KISS 発行要項5.(3)において、1円とされている。

四）から２週間以内に新株予約権の数等について、変更の登記を行う必要がある（会社法911③十二・915①）。

また、新株予約権者が当該新株予約権を行使したときは、発行会社は、毎月末日から２週間以内に発行株式総数や資本金等の変更の登記を行えば足りる（会社法915③一）。

⑵ 新株予約権付社債の発行等

新株予約権付社債は、「新株予約権を付した社債」（会社法２二十二）と定義されている。そのため、新株予約権付社債は新株予約権部分と社債部分に分けて考えることができるところ、基本的には、新株予約権部分については、新株予約権に関する規定（会社法第２編第３章）が適用され、社債部分については社債に関する規定（会社法第４編）が適用される（例外として、会社法248参照）。

以下では、これまで述べてきた新株予約権に関する規定を踏まえ、新株予約権付社債に関する規定について説明する。

❶ 新株予約権の内容

新株予約権付社債の発行にあたっては、新株予約権の内容を決める必要があるところ、その内容は、新株予約権について述べた内容と概ね同じである（会社法236①、上記⑴❶を参照）。

また、新株予約権付社債に付された新株予約権の数は、当該新株予約権付社債についての社債の金額ごとに、均等に定める必要がある（会社法236②）。

❷ 募集事項の決定及び当該決定の手続

ア 募集事項の決定

発行する新株予約権付社債を引き受ける者を募集しようとする場合は、その都度、募集新株予約権について募集事項を定める必要があり、主な内容は上記⑴❷アのとおりである（会社法238①）。

そのうち、新株予約権付社債の場合は、新株予約権を単独で発行する場合に加えて、募集社債に関する事項等を定める必要がある（会社法238

①六、七・676条各号、会社規162条各号)。

イ　募集事項の決定の手続

スタートアップ企業では非公開会社が通常想定されるところ、非公開会社における新株予約権付社債の募集事項の決定は株主総会の特別決議によって行うことが原則である（会社法238②・309②六)。

そのほか、株主総会において、その特別決議により、新株予約権付社債の募集事項の決定を取締役（取締役会設置会社の場合は取締役会）に委任することができること（会社法239①・309②六）等は、新株予約権を単独で発行する場合と同様である（上記⑴❷イ参照)。

❸　募集新株予約権の申込み及び割当て等

新株予約権付社債に付された募集新株予約権の申込み及び割当てについては、新株予約権を単独で発行する場合と概ね同様である（上記⑴❸ア参照)。なお、新株予約権付社債に付された募集新株予約権についても、新株予約権を単独で発行する場合と同様に、総数引受契約を締結する場合には、会社法242条及び会社法243条が適用されず、募集事項等の通知、募集新株予約権の申込み、及び、募集新株予約権の割当ての手続は不要となる（会社法244②)。

もっとも、募集新株予約権のみの申込みをした場合であっても、その申込みに係る募集新株予約権を付した新株予約権付社債の引受けの申込みをしたものとみなされる（会社法242⑥)。

また、会社は、割当日の前日までに、申込者に対して、当該申込者に割り当てる募集新株予約権の数を通知する必要があるところ、新株予約権付社債の場合は、当該新株予約権付社債についての社債の種類及び各社債の金額の合計額も通知する必要がある（会社法243③)。

上記のとおり、新株予約権付社債の社債部分については社債に関する規定（会社法第４編）が適用されることが基本であるところ、募集社債に関する事項の決定（会社法676)、募集社債の申込み（会社法677)、募集社債の割当て（会社法678)、募集社債の申込み及び割当てに関する特則（会社法679)

並びに募集社債の社債権者（会社法680）に関する規定は新株予約権付社債についての社債を引き受ける者の募集については適用されない（会社法248）。

❹　新株予約権者となる日

新株予約権付社債に付された募集新株予約権の割当てを受けた者又は総数引受契約により当該募集新株予約権の引受けを受けた者は、割当日に新株予約権者となる（会社法245①）。新株予約権者が、払込期日に払込金額の払込みを行うか否かにかかわらず、割当日に新株予約権者となることを意味しており、出資の履行を行うことにより株主となることができる募集株式の発行の場合（会社法209①）とは異なることは、新株予約権を単独で発行した場合と同様である（上記⑴❹参照）。

そして、新株予約権付社債の場合は、募集新株予約権の新株予約権者となるとともに、当該新株予約権付社債についての社債の社債権者にもなる（会社法245②）。

❺　新株予約権に係る払込み

新株予約権付社債に付された募集新株予約権の払込みについては、新株予約権を単独で発行した場合と同様である（上記⑴❺参照）。

❻　新株予約権原簿及び社債原簿

ア　新株予約権原簿

会社は、新株予約権付社債を発行した日以後遅滞なく、新株予約権原簿を作成し、新株予約権の区分に応じて所定の事項を記載又は記録する必要がある（会社法249①一～三）。新株予約権原簿は書面又は電磁的方法のいずれの方法で作成することも可能であり、その他の新株予約権原簿の取扱いについては、新株予約権を単独で発行した場合と同様である（上記⑴❻参照）。

イ　社債原簿

会社は、社債を発行した日以後遅滞なく、社債原簿を作成し、これに、社債の利率や当該社債の償還の方法及び期限といった所定の事項（社債原簿記載事項）を記載又は記録する必要がある（会社法681、会社規165・166)。社債原簿は書面又は電磁的方法のいずれの方法で作成することも可能である。

これについて、社債原簿に氏名又は名称及び住所が記載された社債権者は、社債発行会社に対し、当該社債権者についての社債原簿に記載され、若しくは記録された社債原簿記載事項を記載した書面の交付、又は当該社債原簿記載事項を記録した電磁的記録の提供を請求することができる(会社法682①)。

また、社債発行会社は、社債原簿をその本店（社債原簿管理人がある場合にあっては、その営業所）に備え置く必要がある（会社法684①)。社債権者その他の社債発行会社の債権者及び社債発行会社の株主又は社員は、社債発行会社の営業時間内は、いつでも、社債原簿が書面をもって作成されているときは、当該書面の閲覧又は謄写の請求、社債原簿が電磁的記録をもって作成されているときは、当該電磁的記録に記録された事項を紙面又は映像面に表示したものの閲覧又は謄写の請求をすることができる。この場合においては、当該請求の理由を明らかにしてしなければならない（会社法684②)。当該請求があった場合は、会社は、会社法684条3項各号に該当する場合を除き、当該請求を拒むことができない。

社債発行会社が社債原簿を作成することにより、社債権者に対してする通知又は催告は、社債原簿に記載し、又は記録した当該社債権者の住所（当該社債権者が別に通知又は催告を受ける場所又は連絡先を当該社債発行会社に通知した場合は、その場所又は連絡先）にあてて発すれば足りることになり、当該通知又は催告は通常到達すべきであった時に到達したものとみなされる（会社法685①②)。

❼ 新株予約権付社債に付された新株予約権の行使

ア　新株予約権付社債に付された新株予約権の行使及び払込み

新株予約権付社債に付された新株予約権の行使は、行使する新株予約権の内容及び数と新株予約権を行使する日を明らかにして行う必要がある（会社法280①一、二）。

金銭を新株予約権の行使に際してする出資の目的とするときは、新株予約権付社債権者は、新株予約権を行使する日において、会社が定めた銀行等の払込みの取扱いの場所において、その行使に係る新株予約権の行使に際して出資される財産の価額の全額を払い込む必要がある（会社法281①・236①二）。資金調達手段としての新株予約権付社債については、転換社債型新株予約権付社債とする例が多いと思われるところ、債権といった金銭以外の財産を新株予約権の行使に際してする出資の目的とするとき（会社法236①三参照）は、新株予約権者は、新株予約権を行使する日において、当該財産を給付する必要がある。なお、当該財産の価額が当該新株予約権の行使に際して出資される財産の価額（会社法236①二参照）に足りないときは、払込みの取扱いの場所においてその差額に相当する金銭を払い込む必要がある（会社法281②）。

イ　検査役による調査

また、新株予約権付社債に付された新株予約権の内容として、金銭以外の財産を当該新株予約権の行使に際してする出資の目的とする旨の定めがあり、当該新株予約権の行使が行われ、当該金銭以外の財産の給付がなされた場合は、遅滞なく当該財産の価額を調査させるため裁判所に対して検査役の専任の申立てを行う必要があることが原則である。他方、会社法284条9項各号を満たす場合には、検査役による調査が例外的に不要となる。この点について、資金調達手段としての新株予約権付社債については、転換社債型新株予約権付社債とする例が多いと思われるところ、実務上は、新株予約権の行使の度に検査役の調査を行うことは困難であるため、会社法284条9項各号のうち、典型的には、①行使された新株予約権の新株予約権者が交付を受ける株式の総数が発行済株式の総数の10分の1を超えない場合（会社法284⑨一）、②新株予約権の行使に際してする出資の目的とされた金銭以外の財産（会社法236①三）の価額の総額が500万円を超えない場合（会社法284⑨二)、③スタートアップ企業が新株予約権付社債の期限の利益を放棄すること（会社法284⑨五）等を利用して、検査役による調査を不要とすることが考えられる。

ウ　新株予約権付社債権者が株主となる日、及び、端数の処理

新株予約権付社債権者は、当該新株予約権付社債に付された新株予約権を行使した日に、当該新株予約権の目的である株式の株主となる（会社法282①)。

新株予約権付社債に付された新株予約権を行使した場合において、当該新株予約権の新株予約権者に交付する株式の数に１株に満たない端数があるときは、会社は当該新株予約権者に対し、当該株式が市場価格のない株式である場合は、１株当たり純資産額にその端数を乗じて得た額に相当する金銭を交付する必要がある（会社法283二)。但し、新株予約権の内容として、当該端数を切り捨てる旨の定め（会社法236①九）がある場合は、上記金銭の交付は不要である（会社法283但書)。

❽　新株予約権付社債の登記

新株予約権付社債を発行した場合は、本店所在地において割当日（会社法238①四）から２週間以内に新株予約権の発行年月日等について、変更の登記を行う必要がある（会社法911③十二・915①)。

また、新株予約権付社債権者が当該新株予約権付社債に付された新株予約権を行使したときは、発行会社は、毎月末日から２週間以内に変更の登記を行えば足りる（会社法915③一)。

税務上のポイント 03

1　新株予約権の税務

新株予約権の税務については、新株予約権者と発行会社（スタートアップ企業）の課税関係にそれぞれ分けて解説する。

(1)　新株予約権者の課税関係

新株予約権者の課税関係については、新株予約権の①発行時、②行使時及び③行使によって取得した株式の譲渡時の３つの課税イベントがある。そこで、以下では、それぞれのイベントにおける課税関係を説明する。

❶　新株予約権の発行時

税務上、新株予約権は有価証券に該当する（法法２二十一、法令11、所法２①十七、所令４、金商法２①九）。新株予約権者が有償で新株予約権を取得した場合、新株予約権の払込価額及び取得に要した費用が当該新株予約権の取得価額となる（所令109①一、法令119①二）。

【税務仕訳】
（借）新株予約権　××円　（貸）現　金　××円

但し、有利発行に該当する場合（但し、株主割当のように、他の株主に損害を及ぼすおそれがないと認められる場合を除く）には、新株予約権の時価と払込価額の差額につき、新株予約権者が個人の場合には所得金額を構成し、法人の場合には益金に算入されることになる（所令109①三、84③、法令119①四）。なお、個人が取得した新株予約権について、その内容として譲渡制限が付されている場合には、有利発行であったとしても、新株予約権の発行時に経済的利益を享受できるわけではないため、発行時ではなく権利行使した年の収入金額に算入されることとなっている。以下では、実務上の重要性に鑑み、新株予約権に譲渡制限が付されていることを前提とした課税関係について解説する。

【有利発行時の税務仕訳（法人）】				
（借）	新株予約権	××円	（貸） 現　　金	××円
			受 贈 益	××円

有利発行に該当するか否かについては、原則として、新株予約権の時価に比して社会通念上相当と認められる価額を下回る金額であるかどうかで判断されるが、具体的には、払込金額を決定する日における時価と払込金額との差額が概ね10％相当額以上かどうかという判断基準が示されている（所基通23～35共－７、法基通２－３－７）。

また、有利発行に該当する場合の益金に算入される金額は、新株予約権の発行の払込期日における価額と払込金額との差額になる（法令119①四）。非上場会社の新株予約権については、どのように時価を評価するのかという点が実務上の課題となり得る。新株予約権の評価方法の解説については、株式会社プルータス・コンサルティング編『新株予約権等・種類株式の発行戦略と評価』（中央経済社、令３年）47頁以下等を参照されたい。

❷　新株予約権の行使時

新株予約権の行使により取得した株式の取得価額は、原則として、行使価額に新株予約権の取得価額を加算したものとされている（所令109①一、法令119①二）。したがって、新株予約権者に関し、行使時において課税は生じない。

【税務仕訳】				
（借）	株　　式	××円	（貸） 新株予約権	××円
			現金（行使価額）	××円

なお、有利発行に該当する場合で、新株予約権者である個人に対して発行

時に課税されない新株予約権については、権利行使により取得した株式の価額から、新株予約権の取得価額と権利行使価額を控除した金額を収入金額に算入することになる（所令84③ニ）。この場合における株式の取得価額は権利行使時における価額（時価）となる。

❸ 新株予約権の行使により取得した株式の譲渡時

行使により取得した株式を譲渡した場合、個人であれば、譲渡価額から当該株式の取得価額を控除した金額が、付与対象者の株式等に係る譲渡所得等として分離課税の対象とされ（措法37の10）、法人であれば、譲渡損益に対して法人税等が課される（法法61の２①）。

【税務仕訳】（譲渡益が生じる場合）

（借）	現　　金	××円	（貸）	株　　式	××円
				株式譲渡益	××円

(2) 発行会社の課税関係

❶ 新株予約権の発行時

新株予約権は、会計上は発行会社において純資産の部に計上されるが、税務上は負債として取り扱われる(31)。新株予約権を発行した時点において、払込価額が新株予約権のその発行の時の価額に満たないとき（有利発行）、又はその払込金額が新株予約権のその発行時の価額を超えるとき（不利発行）は、その満たない部分の金額又はその超える部分の金額は発行法人の損金の額又は益金の額に算入しない（法法54の２⑤）。したがって、発行法人においては、新株予約権の発行価額が有利発行又は不利発行であったとしても、課税関係が生じることはない。

---

(31) 法人税法上、新株予約権の発行は資本金等の額及び利益積立金額の増減を生じさせる取引とはされていない（法法２十六・十八、法令８・９）。

【税務仕訳】
（借）現　　　金　××円　　　　（貸）新株予約権　　××円

❷　新株予約権の行使時

新株予約権が行使された場合、発行会社においては、新株予約権の帳簿価額（すなわち、払込価額）及び行使価格の合計額が資本金等の額に計上されることになる（法令8①二）。

【税務仕訳】
（借）現金（行使価額）××円　　　（貸）資本金等の額　××円
　　　新株予約権　　　××円

❸　新株予約権の行使により取得した株式の譲渡時

発行会社においては特に課税関係は生じない。

(3)　まとめ

以上の新株予約権者及び発行会社の課税関係を整理すると、以下の表のとおりである。

		発行時	行使時	譲渡時
新株予約権者の課税関係	個人	×	× 但し、有利発行に該当する場合には課税あり	課税あり
	法人	× 但し、有利発行に該当する場合には課税あり	×	課税あり
発行会社の課税関係		× （負債として計上）	× （資本金等の額の増加）	×

2　新株予約権付社債の税務

新株予約権付社債についても、新株予約権付社債の保有者と発行会社（スタートアップ企業）に分けて、それぞれ課税関係を解説する。

(1)　新株予約権付社債の保有者の課税関係

新株予約権付社債の課税関係についても、新株予約権と同様に、①発行時、②転換時及び③転換によって取得した株式の譲渡時の３つの課税イベントがある。そこで、以下では、それぞれのイベントにおける課税関係を説明する。

❶　新株予約権付社債の発行時

新株予約権付社債の保有者は、有償で新株予約権付社債を取得することになるため、新株予約権付社債の払込価額及び取得に要した費用が当該新株予約権付社債の取得価額となる（所令109①一、法令119①二）(32)。

【税務仕訳】				
（借）	新株予約権付社債	××円	（貸）　現　　　金	××円

但し、有利発行に該当する場合には、新株予約権付社債の時価と発行価額の差額につき、新株予約権付社債の保有者が個人の場合には収入金額に算入され、法人の場合には受贈益が益金に算入されることになる（所令109①三・84③、法令119①四）。

(32)　転換社債型新株予約権付社債の取得者の会計処理は、普通社債の会計処理に準じて、一括して社債の取得価額として計上することとされている（企業会計基準適用指針第17号 払込資本を増加させる可能性のある部分を含む複合金融商品に関する会計処理20項）。

【有利発行時の税務仕訳】

（借）	新株予約権付社債	××円	（貸）	現　　金	××円
				受 贈 益	××円

有利発行に該当するか否かについては、原則として、新株予約権付社債の時価に比して社会通念上相当と認められる価額を下回る金額であるかどうかで判断されるが、具体的には、払込金額を決定する日における時価と払込金額との差額が概ね10％相当額以上かどうかという判断基準が示されている（所基通23~35共－７、法基通２－３－７）。

また、有利発行に該当する場合の所得や益金の金額については、新株予約権の発行の払込期日における価額と払込金額との差額になる（所令84③、法令119①四）。

❷　新株予約権付社債の転換時

税務上、新株予約権付社債の転換は、いわゆる代用払込みを行う場合、社債を現物出資し、株式の交付を受けるという構成になる。この場合、原則として、社債を譲渡したものとして取り扱われ、その譲渡損益が実現することになるものの、社債の価額と転換により取得した株式の価額がおおむね同額である場合には、社債の譲渡損益は繰り延べられる（所法57の４③四、法法61の２⑭四）。すなわち、取得した株式の取得価額は、新株予約権付社債の帳簿価額（発行価額）となる（所令109①、法令119①二十）。

【税務仕訳】

（借）	株　　式	××円	（貸）	新株予約権付社債	××円

この「おおむね同額」という要件については、取得条項付株式などの優先株式の場合、転換請求権が行使される際には、転換請求権が付された優先株式の時価は、転換後の普通株式の時価と同額であると考えることも可能であるが（上記**第１部**第２章02の１参照）、他方で、新株予約権付社債の場合は、

新株予約権付社債の帳簿価額と、転換後の株式の時価とを比較することになる。そうすると、新株予約権付社債の発行時からスタートアップ企業の企業価値が著しく増大した場合、新株予約権付社債の帳簿価額と転換後の株式の時価に大きな乖離が生じていることも想定される。このような場合には、「おおむね同額である場合」とはいえず、課税の繰延べが認められないのではないか、という疑問が生じる。

しかし、立案担当者は、「グループ法人内や同族会社の株主間でこれらの株式を使用して持分割合を恣意的に移転させることができますが、このような場合についてまで譲渡益課税を繰り延べることは適当でないことから、課税の繰延べは正常な取引として行われた場面に限るという趣旨で設けられたものです」と説明している(33)。この趣旨に鑑みると、仮に、スタートアップ企業の企業価値が著しく増大し、転換時において、社債と転換する株式のそれぞれの価額に比較的大きな差異があったとしても、課税の繰延べは認められるべきではないかと思われる。

❸ 新株予約権付社債の転換により取得した株式の譲渡時

新株予約権付社債の転換により取得した株式を譲渡した場合、個人であれば、譲渡価額から、当該株式の取得価額を控除した額が、付与対象者の株式等に係る譲渡所得等として申告分離課税の対象とされ（措法37の10）、法人であれば、譲渡損益に対して法人税等が課される（法法61の２①）。

【税務仕訳】（譲渡益が生じる場合）

（借）	現　　金	××円	（貸）	株　　式	××円
				株式譲渡益	××円

(33)　『平成18年度改正税法のすべて』273頁。

(2) 発行会社の課税関係

❶ 新株予約権付社債の発行時

新株予約権付社債を発行した場合、発行会社における会計処理は、社債と新株予約権の対価部分をそれぞれ区分する方法（区分法）と、区分せずに一括して社債として計上する方法（一括法）がある(34)。税務上は、この会計処理に合わせて区分法又は一括法により処理されることとなる。

区分法により純資産の部に計上される新株予約権は、税務上は負債として認識され、有利発行又は不利発行の場合であっても、その払込金額と当該新株予約権の発行時の価額との差額について益金の額又は損金の額に算入されないため（法法54の２⑤）、発行会社において課税は生じない。一括法による場合、会計上は新株予約権付社債を負債として計上し、税務上も負債として認識されることになり、有利発行の場合であっても、やはり課税は生じない。

【税務仕訳（区分法）】

（借）	現　　金	××円	（貸）	新株予約権	××円
				社　　債	××円

【税務仕訳（一括法）】

（借）	現　　金	××円	（貸）	社　　債	××円

なお、上記の税務上の取扱いは、転換社債型の場合とそれ以外の場合のいずれであっても同様である。

❷ 新株予約権付社債の転換時（新株予約権の権利行使時）

新株予約権付社債が転換された場合、発行会社は、社債の帳簿価額と新株

(34) 企業会計基準適用指針第17号払込資本を増加させる可能性のある部分を含む複合金融商品に関する会計処理18項。

予約権の帳簿価額の合計額(区分法の場合。一括法の場合は社債の帳簿価額)を資本金等の額として計上することになる（法令８①二)。

【税務仕訳（区分法)】
（借） 社　　債　××円　（貸） 資本金等の額　××円
　　　新株予約権　××円

【税務仕訳（一括法)】
（借） 社　　債　××円　（貸） 資本金等の額　××円

❸ 新株予約権の行使により取得した株式の譲渡時

発行会社において特に課税は生じない。

(3) まとめ

以上の新株予約権付社債の保有者及び発行会社の課税関係を整理すると、以下の表のとおりである。

	発行時	転換時	譲渡時
新株予約権付社債の保有者の課税関係	× 但し、有利発行に該当する場合には課税あり	× 但し、社債と株式がおおむね同額である場合に限る	課税あり
発行会社の課税関係	× (負債として計上)	× (資本金等の額の増加)	×

第2章

ストックオプションとしての新株予約権

ストックオプションの意義　01

ストックオプションとは、予め定められた一定の期間内に、予め定められた額の金銭等(35)を出資することにより、会社から一定数の株式の交付を受けることができる権利をいう。株式会社がストックオプションを付与する場合、その法形式としては会社法上の新株予約権が用いられる。

スタートアップ企業においては、その成長ステージに応じて役職員を拡充していくことが必要になる。しかし、特に創業間もない時期や事業が黒字化していない時期においては、事業の成長のために必要な人材に対して、現金で十分な報酬を支払えるだけのキャッシュフロー上の余裕がない場合が多い。そこで、ストックオプションを利用することで、スタートアップ企業がキャッシュアウトを抑えつつ、必要な人材の確保を図ることが可能となる。これにより、例えば、１株当たり100円を出資することで普通株式１株の交付を受けることができるストックオプションの付与を受けた役職員は、株式会社の１株当たりの価値が100円を超えれば、超えた分が自らの利得になるため（但し、当該役職員に対する所得課税は別途検討する必要がある。）、株式会社の１株当たりの価値を向上させようと、主として、IPOやM&A(36)によるExitに対するモチベーションを向上させることが可能となる。

ストックオプションの設計は様々な種類があり得るが、典型的には、①１株当たりの行使価額を、割当契約締結時の１株当たりの市場株価に相当する金額以上の金額として設計される通常型ストックオプションと、②０円に近

---

(35) 会社法第236条第１項第２号によれば、新株予約権の内容として「当該新株予約権の行使に際して出資される財産の価額又はその算定方法」を定めなければならないとされており、出資を行わずに行使できる新株予約権の発行は予定されていない。但し、「当該新株予約権の行使に際して出資される財産の価額」として名目的な額（例えば１円等）を設定することは可能である。なお、上場会社については、取締役に対してストックオプションを付与する場合に、行使価額を０円とすることが令和元年会社法改正で認められることになった（会社法236③）が、非上場会社についてはこのような改正はなされていない。

(36) 但し、IPOやM&Aが実施されたときに、ストックオプションの保有者がストックオプションを行使できることとされるかは、当該ストックオプションの設計による。

い金額（実務上は１円とする場合が多い）を行使価額とすることにより、権利行使による株式の価値全部が役職員の利益になり、実質的に株式付与と同様の効果をもたらすように設計される、いわゆるフルバリュー型の株式報酬型ストックオプションに大別することができる。これらはいずれも、付与対象者が付与時において実質的な払込みを行わないことを想定している。

また、①及び②に加えて、付与対象者がストックオプションの付与を受ける時点において当該ストックオプションのその時点における公正な価額を実際に払い込む、いわゆる有償ストックオプションも用いられている。有償ストックオプションは、公正な価額の払込みを行うため、株式報酬としての性格を有しないと考えられるが、インセンティブプランの一種として利用されていることから、本章で合わせて解説する。

法務上のポイント 02

1　株主総会の決議

(1)　有利発行規制との関係

ストックオプションを役職員に付与するにあたり、その法律構成としては、(i)ストックオプション自体を、役職員が会社に対して行う労務提供の対価として、新株予約権と引換えに金銭の払込みを要することなく付与する方法(いわゆる無償構成)、(ii)役職員が会社に対してストックオプションの払込金額相当分の報酬としての金銭債権を取得したうえで、役職員の会社に対する当該金銭債権と会社の取締役に対する払込金額に関する債権とを相殺する方法(いわゆる相殺構成)、が考えられる。

上記(i)の無償構成による場合は、ストックオプションと引換えに金銭の払込みを要しないとすることが、「金銭の払込みを要しないこととすることが当該者に特に有利な条件であるとき」(会社法238③一)に該当するのではないかという疑問が生じ得る。しかし、有利発行規制の趣旨は、既存株主が希釈化による経済的損失を被るおそれがあることから、既存株主の意思を問うことにあるところ、無償構成による場合、会社は、ストックオプションの対価として、付与対象者である役職員が今後提供する労務提供を受けることになるので、既存株主が希釈化による経済的損失を被るおそれがあるとはいえないことから、「金銭の払込みを要しないこととすることが当該者に特に有利な条件であるとき」(会社法238③一)には該当しないと整理することが可能であると考えられる。

また、上記(ii)の相殺構成による場合は、役職員の会社に対する当該金銭債権と会社の取締役に対する払込金額に関する債権とを相殺することになり、会社は、ストックオプションの対価として、役職員の会社に対するストックオプションの払込金額に相当する金銭債権の消滅という利益を得ていることから、「払込金額が当該者に特に有利な条件であるとき」(会社法238③二)に該当しないと整理することが可能であると考えられる。

なお、理論上は上記のとおり整理できると考えられるものの、非上場会社においては、上場会社と異なり、株価が形成されておらず、ストックオプションの公正な価額を適切に算定して説明することが難しいことから、念のため、株主総会の特別決議（会社法238②・309②六）を、有利発行であることを前提として、有利発行を必要とする理由を説明する（会社法238③）等、有利発行規制を遵守して行っておくこともある。

また、有償ストックオプションについては、その公正な価額を算定したうえで、公正な価額に相当する金銭の払込みが行われることを前提とすると、「特に有利な条件」での新株予約権の発行ではないと実務上整理されている。

(2) 役員報酬規制との関係

❶ 有償ストックオプション以外のストックオプション

ストックオプションは、会社法上、取締役の報酬、賞与その他の職務執行の対価として株式会社から受ける財産上の利益（報酬等）として、役員報酬規制の対象とされているところ（会社法361①）、令和元年会社法改正により、所定の事項を株主総会決議（又は定款）で定めること、及び定める内容が会社法において明確化された。具体的には、上記(i)の無償構成による場合は、交付予定の新株予約権の数の上限等を定めることとされた（会社法361①四、会社規98条の3）。同様に、上記(ii)の相殺構成による場合も、交付予定の新株予約権の数の上限等を定めることとされた（会社法361①五ロ、会社規98条の4②）。

以上に加えて、ストックオプションを取締役に付与する場合、無償構成又は相殺構成のいずれであっても、確定額報酬の場合はその額（会社法361①一）、不確定報酬の場合は、その具体的な算定方法（会社法361①二）について、株主総会決議（又は定款）で定めることが必要である。例えば、当該新株予約権の公正な価額を評価できる場合には、当該公正な価額に相当する確定額報酬を付与するものとして、株主総会決議（又は定款）でその額を定める必要がある(37)。

❷ 有償ストックオプション

発行会社が有償ストックオプションを取締役に付与する場合、有償ストックオプションが会社法361条１項にいう「報酬等」に該当し、その付与に同項に定める株主総会の決議を要するかが議論されてきた。実務上は有償ストックオプションの取締役への付与に際しては株主総会における決議を取得しない取扱いが定着しているものの、有償ストックオプションは会社法上の報酬等に該当し得るとの見解も有力に主張されている。

この点に関連して、有償ストックオプションの会計上の取扱いに関する近年の動向として、企業会計基準委員会が平成30年１月12日付で公表した実務対応報告第36号「従業員等に対して権利確定条件付き有償新株予約権を付与する取引に関する取扱い」によれば、「権利確定条件付き有償新株予約権が従業員等から受けた労働や業務執行等のサービスの対価として用いられていないことを立証できる場合」を除いて、従業員等に対して権利確定条件付き有償新株予約権を付与する取引は、ストック・オプション会計基準の枠組みで対応すべきとされた。

かかる実務対応報告を受けて、費用計上がなされる有償ストックオプションについては報酬等に該当し得るとの見解もある(38)。しかし、会計上の取扱いにしたがって会社法を解釈しなければならない理由はなく、有償ストックオプションの付与が会社法上の報酬等に該当するか否かは、有償ストックオプションが会社法361条１項柱書にいう「職務執行の対価」として発行会社から受ける「財産上の利益」に該当するかを正面から検討すべきであるように思われる。

この点、実務上は、取締役が有償ストックオプションを取得するにあたって、有償ストックオプションの公正な評価額が払い込まれる限り、有償ストックオプションという「財産上の利益」は「職務執行の対価」(会社法361条１

---

(37) 田中270頁。

(38) 中村直人編『取締役・執行役ハンドブック』(商事法務、第３版、2021) 352－353頁。

項柱書）として交付されるものではないと考えられてきたのではないかと思われる。また、有償ストックオプションを行使することによって取締役が得るリターンが「財産上の利益」に該当すると考えたとしても、当該「財産上の利益」は取締役の手元で発生したものであって、発行会社から受けたものではない。

そのため、有償ストックオプションが取締役に付与される場合であっても、当該有償ストックオプションは、会社法361条1項柱書にいう「職務執行の対価」として発行会社から受ける「財産上の利益」には該当せず、その付与に際しては同項に定める株主総会の決議を要しないとの実務上の取扱いを変更しなくともよいのではないかと思われる(39)。

2　会社法上の手続

株式会社が役職員に対してストックオプションを付与する場合、その法形式は会社法上の新株予約権である。そのため、新株予約権の発行等に関する会社法上の手続は、上記〔第2章02の1〕のとおりである。ここでは、ストックオプション固有の点に絞って解説する。

新株予約権の内容（上記第1章02の2(1)❶）について、新株予約権を発行する際には、新株予約権の行使条件を定めることができると考えられている。ストックオプションは付与対象者である役職員に対してインセンティブ

(39)　令和元年会社法改正において、報酬等のうち発行会社の①「募集株式」(会社法361①三)、②「募集新株予約権」（会社法361①四)、③「募集新株予約権と引換えにする払込みに充てるための金銭」（会社法361①五イ）又は④「募集新株予約権と引換えにする払込みに充てるための金銭」（会社法361①五ロ）を交付する場合について、株主総会の決議によって定める内容が具体化された。しかし、当該改正について、立案担当者は「改正会社法361条1項3号～5号は、改正前の同項3号の内容の一部を具体化したもの」と説明しているところ、当該改正によって「職務執行の対価」や「財産上の利益」の範囲が変更されたと考える理由はないように思われる。そうであるとすれば、当該改正は上記結論に影響を与えるものではないと考えられよう。

を与える目的で付与されるため、①行使時において会社の役員又は従業員であること、②付与後一定期間以上会社の役職員であること、③付与対象者が役職員を退任・退職した場合は行使することができないこと等を行使条件とすることが多い。上記③については、下記03の2(1)❶イのとおり、役職員側で税負担の軽い退職所得とするという税務上の観点から、権利行使期間を退任・退職した日の翌日から10日間に限定した例もある(40)ものの、スタートアップ企業において、ストックオプションは、リテンション目的に利用されることが多いため、退職金代わりにストックオプションを付与する例はあまりないであろう。

3　金商法上の注意点

新株予約権の付与については、金商法上の「募集」に該当する場合、原則として有価証券届出書の提出が必要となる（金商法4・5①）。

(i)ストックオプションとしての新株予約権については、少人数私募(41)に該当する場合は「募集」に該当しないことになる一方、少人数私募に該当しない場合は、通常、「募集」に該当することになる。そのため、特に勧誘対象者の人数が50名以上となっていないかについては注意する必要がある。

また、(ii)仮に新株予約権の発行が「募集」に該当するとしても、「募集」の相手方が有価証券届出書の記載事項に関する情報を既に取得し、又は容易に取得することができる場合として政令で定める場合（以下「ストックオプション特例」という）や、当該新株予約権の発行価額の総額及び行使価額の

---

(40)　株式会社伊藤園「ストックオプション（新株予約権）の発行に関するお知らせ」(2004年８月27日)。

(41)　少人数私募に該当するためには、(i)新株予約権の発行会社が金商法24条１項各号のいずれかに該当する株券等を発行しているものではないこと(新株予約権の目的である種類の株式について、有価証券報告書提出義務の発生事由に該当したことがないこと)、及び、(ii)勧誘対象者の人数が50名未満である必要がある（金商法２③一・同二ハ、金商令１の５・１の７一)。

総額の合計が１億円未満である場合は、例外的に、発行会社は、有価証券届出書の提出義務を負わない（金商法４①一、五)。

上記(ii)のうち、ストックオプション特例については、募集の相手方が、発行会社、その完全子会社及び孫会社の取締役、執行役、監査役、会計参与及び使用人である場合が定められている（金商令２の12二・開示府令２③)。ストックオプションの付与対象者に１名でもこれらに該当しない者が含まれている場合、当該ストックオプションの発行全体についてストックオプション特例が適用されないこととなり、有価証券届出書の提出が必要となる点には注意が必要である。

その他の金商法上の手続については、大石篤史ほか編『税務・法務を統合したM&A戦略』（中央経済社、第３版、2022年）275頁以下を参照されたい。

税務上のポイント 03

1　税務上の取扱いの全体像

ストックオプションの税務上の取扱いを検討する際には、ストックオプションの付与時、行使時及び行使により取得した株式の譲渡時の３つのタイミングに分けることが必要となる。課税関係は、ストックオプションを付与された役職員とストックオプションの発行会社のそれぞれで検討を要する。

また、ストックオプションは、税務上、税制非適格ストックオプション、税制適格ストックオプション及び有償ストックオプションの３つに分類することができる（ストックオプションに譲渡制限が付されていることを前提とする）。

この区分及び分類にしたがったストックオプションの課税関係の全体像は、以下の図表のとおりである。なお、本項（03）においては、ストックオプションがインセンティブプランの一環として役職員に付与されている実務上の取扱いを踏まえ、個人がストックオプションを取得する場合を前提としている。

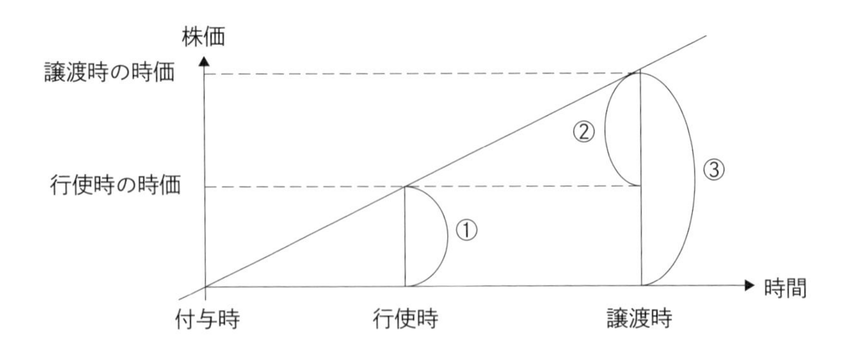

		付与時	行使時	譲渡時
税制非適格	役職員の課税関係	×	①につき 給与又は退職所得課税	②につき 譲渡所得課税
	発行会社における損金算入の可否	×	損金算入の額は、 オプションバリュー	×
税制適格	付与を受けた役職員の課税関係	×	×	③につき 譲渡所得課税
	発行会社における損金算入の可否	×	×	×
有償	付与を受けた役職員の課税関係	×	×	③につき 譲渡所得課税（払込価額は取得費となる）
	発行会社における損金算入の可否	×	×	×

以下では、各ストックオプションの類型別に、役職員と発行会社の課税関係について説明する。

2 ストックオプションの課税関係等

(1) 税制非適格ストックオプション

下記(2)で説明する税制適格要件を満たさないストックオプションを、一般に税制非適格ストックオプションという。その課税関係は以下のとおりである。

❶ 役職員の課税関係

ア ストックオプションの付与時

ストックオプションに譲渡制限が付されている場合は、付与される役職員において、ストックオプション相当額の経済的利益（所得）はいまだに実現しておらず、課税は生じないと解されている。

なお、ストックオプションに譲渡制限が付されていないという例外的な場合は、当該ストックオプションの付与時における時価と払込金額との差額につき、原則として給与所得として所得税等が課される。

イ　ストックオプションの権利行使時

役職員において、ストックオプションの権利行使によって取得した株式につき、当該行使をした日における株式の時価から権利行使の際に払込むべき価額を控除した金額が収入金額に算入される（所法36②、所令84四）。

権利行使により生じる所得区分については、発行会社と付与対象者との法律関係等の実態に応じて異なる。雇用契約又はこれに類似する関係に基因して付与が行われたと認められる場合は、原則として給与所得とされる（最判平成17年1月25日判時1886号18頁、所基通23～35共－6(二))。税制非適格ストックオプションに業績達成等の一定の行使条件が付されている場合もあるが、行使条件の有無は所得区分には影響を及ぼさない。

また、国税庁が公表した文書回答事例において、権利行使期間が退職から10日間に限定されているストックオプションの権利行使益に係る所得区分については、退職所得と取り扱われることが明らかとされている[42]。もっとも、権利行使期間が退職から10日間に限定されていない場合の権利行使益がいかなる所得区分となるかについては、取扱いが固まっていない。したがって、実務上、退職慰労金に代えてストックオプションを付与する場合には、上記文書回答事例に基づいて、ストックオプションの行使条件として、退職から10日間に限定し、退職慰労金の場合の課税関係と同一にすることが多い。但し、スタートアップ企業におけるストックオプションは、役職員のリテンション目的に利用されることが多

(42)　国税庁ホームページ「権利行使期間が退職から10日間に限定されている新株予約権の権利行使益に係る所得区分について」。https://www.nta.go.jp/about/organization/tokyo/bunshokaito/gensen/07/02.htm

いため、退職金代わりにストックオプションを付与する例はあまりないであろう。

なお、税制非適格ストックオプションの権利を行使することによって取得した株式の取得価額は、払込みをした日における時価である（所令109①二）。ここにいう時価とは、所得税基本通達23～35共－９の例により算定した金額とされている。

所得税基本通達23～35共－９

令第84条第３項第１号及び第２号に掲げる権利の行使の日又は同項第３号に掲げる権利に基づく払込み若しくは給付の期日（払込み又は給付の期間の定めがある場合には、当該払込み又は給付をした日。以下この項において「権利行使日等」という。）における同条第３項本文の株式の価額は、次に掲げる場合に応じ、それぞれ次による。

⑴　これらの権利の行使により取得する株式が金融商品取引所に上場されている場合当該株式につき金融商品取引法第130条の規定により公表された最終の価格（同日に最終の価格がない場合には、同日前の同日に最も近い日における最終の価格とし、２以上の金融商品取引所に同一の区分に属する最終の価格がある場合には、当該価格が最も高い金融商品取引所の価格とする。以下この項において同じ。）とする。

⑵　これらの権利の行使により取得する株式に係る旧株が金融商品取引所に上場されている場合において、当該株式が上場されていないとき当該旧株の最終の価格を基準として当該株式につき合理的に計算した価額とする。

⑶　⑴の株式及び⑵の旧株が金融商品取引所に上場されていない場合において、当該株式又は当該旧株につき気配相場の価格があるとき　⑴又は⑵の最終の価格を気配相場の価格と読み替えて⑴又は⑵により求めた価額とする。

⑷　⑴から⑶までに掲げる場合　以外の場合次に掲げる区分に応じ、それぞれ次に定める価額とする。

イ）　売買実例のあるもの　最近において売買の行われたもののうち適正と認められる価額

（注）　その株式の発行法人が、会社法第108条第１項（(異なる種類の株式)）に掲げる事項について内容の異なる種類の株式（以下「種類株式」という。）を発行している場合には、株式の種類ごとに売買実例の有無を判定することに留意する。

ロ）　公開途上にある株式で、当該株式の上場又は登録に際して株式の公募又は売出し（以下この項において「公募等」という。）が行われるもの（イに該当するものを除く。）　金融商品取引所又は日本証券業協会の内規によって行われるブックビルディング方式又は競争入札方式のいずれかの方式により決定される公募等の価格等を参酌して通常取引されると認められる価額

（注）　公開途上にある株式とは、金融商品取引所が株式の上場を承認したことを明らかにした日から上場の日の前日までのその株式及び日本証券業協会が株式を登録銘柄として登録することを明らかにした日から登録の日の前日までのその株式をいう。

ハ）　売買実例のないものでその株式の発行法人と事業の種類、規模、収益の状況等が類似する他の法人の株式の価額があるもの　当該価額に比準して推定した価額

ニ）　イからハまでに該当しないもの　権利行使日等又は権利行使日等に最も近い日におけるその株式の発行法人の１株又は１口当たりの純資産価額等を参酌して通常取引されると認められる価額

（注）１　上記ニの価額について、次によることを条件に、昭和39年４月25日付直資56・直審（資）17「財産評価基本通達」（法令解釈通達）（以下「財産評価基本通達」という。）の178から189－７まで（(取引相場のない株式の評価)）の例により算定している場合には、著しく不適当と認められるときを除き、その算定した価額として差し支えない。

⑴　当該株式の価額につき財産評価基本通達179の例により算定する場合（同通達189－３の⑴において同通達179に準じて算定する場合を含む。）において、当該株式を取得した者が発行法人にとって同通達188の⑴に定める「中心的な同族株主」に該当するときは、発行法人は常に同通達178に定める「小会社」に該当するものとしてその例によること。

⑵　その株式の発行法人が土地（土地の上に存する権利を含む。）又は金融商品取引所に上場されている有価証券を有しているときは、財産評価基本通達185に定める「１株当たりの純資産価額（相続税評価額によって計算した金額）」の計算に当たり、これらの資産については、権利行使日等における価額によること。

⑶　財産評価基本通達185の本文に定める「１株当たりの純資産価額（相続税評価額によって計算した金額）」の計算に当たり、同通達186－２により計算した評価差額に対する法人税額等に相当する金額は控除しないこと。

2　その株式の発行法人が、種類株式を発行している場合には、その内容を勘案して当該株式の価額を算定することに留意する。

（注）　この取扱いは、令第354条第２項《新株予約権の行使に関する調書》に規定する「当該新株予約権を発行又は割当てをした株式会社の株式の１株当たりの価額」について準用する。

所得税基本通達23～35共－９は2023年７月に改正され、上記⑷イの注書き及び（注）１、２が新たに規定され、同日に国税庁から「ストックオプションに対する課税（Q&A）最終改訂令和５年７月」（以下「本Q&A」という）が公表された。これらの内容から、主として、以下の点が明確になった。

①　売買実例の有無については、株式の種類ごとに判定すること。 ②　財産評価基本通達の例により株価を算定している場合には、著しく不適当と認められる場合を除き、その算定した価額とすることができること。 ③　その株式の発行法人が、種類株式を発行している場合には、その内容を勘案して、個別に普通株式の価額を算定すること。

①は、経済産業省が公表した報告書(43)において、「普通株式のほかに種類株式を発行している未公開会社が新たに普通株式を対象とするストックオプションを付与する場合、種類株式の発行は、この「売買実例」には該当しません。(国税庁確認済み)」としている点を通達として明確化したものである。したがって、税制非適格ストックオプションを発行する直前に、スタートアップ企業が種類株式を発行して資金調達をしていたとしても、種類株式を発行した際の払込価額を「売買実例」とする必要はないことになる。

また、売買実例のある株式は、通達においては「最近において」売買が行われたものと定められているが、本Q&A問5では、「最近（概ね6月以内）」において売買の行われた株式であると売買実例を判定する具体的な期間について解説している(44)。もっとも、非上場株式の売買実例の時期が争点となった事案(45)では、課税時期から約1年1か月又は2年5か月前の売買実例であっても、同族会社においてはそもそも株式の取引事例が乏しいのが通常であり、上場されていないため、投機目的の取引がないのであるから、上場株式のように価格が小刻みに変動することもなく、こ

(43)　経済産業省「未上場企業が発行する種類株式に関する研究会報告書」平成23年11月。

(44)　非上場株式の評価に関する規定である法人税基本通達9-1-13においても、売買実例を判定する期間は「当該事業年度終了の日前6月間において売買の行われたもの」とされている。

(45)　大分地判平成13年9月25日税資251号順号8982。

の程度の時間的間隔をもって直ちに時価算定の参考にならないということはできないと判示している。したがって、「概ね６月以内」と明記されたことは実務上大きな意味があるものではないと考えられる。

加えて、増資についても売買実例として取り扱う点が明らかにされているが、その株式を対象とした新株予約権の発行や行使は売買事例には該当しないものとされている。この点について、法人税に関し、東京地判平成21年９月17日裁判所ウェブサイトは、「第三者割当と売買とは私法上の法的性質を本質的に異にするものであり、上記の第三者割当を巡る状況も相まって、第三者割当に係る株式の発行価格自体も割当て時点の当該株式の市場価値を反映するものとはいい難い上、税法上も全く異なる規律に服するものであることに鑑みると、連基通８－１－23⑴及び法基通９－１－13⑴の「売買実例」には第三者割当は含まれないものと解するのが相当である。」とし、「売買実例」には第三者割当増資は該当しないと判断していた。したがって、税制非適格ストックオプションの収入金額を算定する際に、増資を売買実例とすることが妥当であるか、疑問はあるものの、実務上は留意する必要があろう。

次に、財産評価基本通達（以下「財基通」という）の例により株価を算定することが著しく不適当と認められる場合について、財基通に基づき算定した株価が、会計上算定した普通株式の価額の２分の１以下となるような場合が例示として挙げられている。この例示により、著しく不適当の判定のために、常に会計上の株価を把握するために専門家による株式評価書を取得する必要があるのかという疑問が生じている。この点、著しく不適当の判定にあたって、必ずしも会計上の株価に係る評価書等の取得が求められているわけではないと思われるものの、税務調査に備えて、何らかのエビデンスを用意するなどの対応が必要になる可能性がある点に留意を要する(46)。さらに、上記のとおり、種類株式の発行は売買実例には該当しないものの、発行価額を決定するために企業価値評価を行っている場合には、当該企業価値評価における評価額が基準となる可能性もある点に注意が必要であろう。

ウ　ストックオプションの行使により取得した株式の譲渡時

権利行使により取得した株式を譲渡した場合、譲渡価額と株式の取得価額（所令109①二）との差額が株式等に係る譲渡所得等に該当し、申告分離課税の対象となる（措法37の10)。上記のとおり、ストックオプションの権利を行使することによって取得した株式の取得価額は、払込みをした日における時価であるため、ストックオプションの権利行使直後に株式を時価で譲渡する場合には、譲渡益は生じないと考えられる。

❷　発行会社の課税関係

ア　ストックオプションの付与時

ストックオプションは税務上負債として取り扱われるため、特段の課税関係は生じない。したがって、無償発行の場合で、会計上、株式報酬費用が計上されていないときは、法人税申告書において別表調整も不要となる。

イ　ストックオプションの権利行使時

(a)　資本等取引に係る取扱い

ストックオプションの権利行使により、権利行使価額と新株予約権の帳簿価額の合計額が資本金等の額として計上される（法令８①ニ)。

【税務仕訳】

（借）	現金（行使価額）	××円	（貸）	資本金等の額	××円
	新株予約権	××円			

(b)　従業員が行使する場合

従業員がストックオプションの権利を行使する場合、従業員に対する

---

(46)「非適格SO、財基通利用なら証明資料を」T&A master（2023年８月７日990号)。

給与として、損金に算入することができる。すなわち、発行されたストックオプションが「特定新株予約権」に該当すると、発行会社は、当該「特定新株予約権」を付与された者に給与所得等（給与所得、事業所得、退職所得及び雑所得）が生ずべき事由（給与等課税事由）が生じた日において、役職員から役務の提供を受けたものとして、「特定新株予約権」が交付された時の時価（いわゆるオプションバリュー）に相当する金額を損金算入できることとされている（法法54の２①、法令111の３②。但し、特定新株予約権の交付が正常な取引条件で行われた場合に限る)。すなわち、損金算入できる金額は、企業会計上のストックオプションの費用と原則として一致することになる。したがって、会計上、税制非適格ストックオプションの発行から行使までの事業年度で株式報酬費用として計上し、税務上損金算入を否認していた当該株式報酬費用の合計額に相当する金額を認容減算する処理を行う。

ここで、「特定新株予約権」とは、譲渡制限付新株予約権であって、以下の要件に該当するものをいう。

①　当該譲渡制限付新株予約権と引換えにする払込みに代えて当該役務の提供の対価として当該個人に生ずる債権をもつて相殺されること。 ②　上記①のほか、当該譲渡制限付新株予約権が実質的に当該役務の提供の対価と認められるものであること。

なお、ストックオプションを付与された従業員に相続が発生し、その相続人が当該ストックオプションを行使した場合は、質疑応答事例において、原則として、当該ストックオプションの行使に係る利益は一時所得に該当すると考えられるため、給与等課税事由が生じず、発行会社において損金算入することはできないと取り扱われている(47)。

(c)　役員が行使する場合

役員がストックオプションを行使する場合、役員給与の損金算入制限規定（法法34①から③）の適用を受けることになる。具体的には、損金算入するためには事前確定届出給与又は業績連動給与のいずれかの要件を満たす必要がある。もっとも、事前確定届出給与に該当するためには、ストックオプションの行使により交付される株式が上場株式であることが求められているため、スタートアップ企業のような非上場会社においては、事前確定届出給与の要件を満たすことができない。さらに、業績連動給与として損金算入されるためは、有価証券報告書に記載されるべき事項によって調整される指標等に連動するもののみが該当するため、スタートアップ企業のような非上場会社においては、業績連動給与の要件を満たすことができない。

したがって、役員がストックオプションの行使する場合、非上場のスタートアップ企業においては損金算入する余地がないことになる。

但し、退職給与に該当する場合（業績連動給与に該当する場合を除く）は、不相当に高額な部分の金額を除いて、損金算入できる。

(d) 源泉徴収

ストックオプションの付与対象者において、その権利行使益が給与所得又は退職所得に該当する場合、発行会社には、源泉徴収義務が生じる（所法183・199）。発行会社は、権利行使した役職員に対しては株式を交付するのみであって、現金を交付するわけではない。したがって、ストックオプションの権利行使のタイミングで源泉徴収税額相当額の現金をグロスアップして支給するか、別途役職員に対して源泉徴収税額相当額の現金を請求する必要がある（所法222）。役職員が別に現金報酬がある場合には、その分と相殺したとしても、賃金の全額払いの原則（労働基準法24）には反しないと解されている。もっとも、役職員とのトラブ

---

(47) 国税庁ホームページ「役員に付与されたストックオプションを相続人が権利行使した場合の所得区分（6か月以内に一括して行使することが条件とされている場合）」。
https://www.nta.go.jp/law/shitsugi/shotoku/02/32.htm

ルを避けるためには、ストックオプションに係る割当契約等において源泉徴収に係る取扱いについては明記しておくことが望ましい。

また、源泉徴収を失念していた場合、源泉所得税を納付するとともに、権利行使をした役職員に対して求償することが可能である（所法221)。役職員に対して求償しない場合、当該役職員に対して債務免除をしたことになり、給与所得としてグロスアップ計算が必要となる（本Q&A問4)。

ウ　ストックオプションの行使により取得した株式譲渡時

ストックオプションの行使により株式を取得した役職員が株式を譲渡した場合、株主に異動が生じるのみであるため、発行会社には特段の課税関係は生じない。

エ　ストックオプションが消滅した場合

ストックオプションの付与を受けた者が権利行使せずにストックオプションが消滅した場合、発行会社において新株予約権消滅益は生じるものの、税務上は、益金の額に算入する必要はない（法法54の2③)。

(2)　税制適格ストックオプション

上記(1)では、税制非適格ストックオプションの課税関係を述べたが、一定の要件を満たした税制適格ストックオプションは、優遇措置を受けることができる。以下では、税制適格要件及び税制適格ストックオプションの課税関係を説明する。

❶　税制適格要件

ア　概要

税制適格ストックオプションの主な要件

対象者	発行会社又は当該会社が直接・間接に50％超の株式（議決権のあるものに限る）等を保有する法人の取締役・執行役・使用人又はこれらの相続人（但し、付与決議日における大口株主や大口株主の特別関係者を除く）（措法29の2

	①、措令19の３③～⑤) 中小企業等経営強化法の一定の要件を満たす場合には、一定の社外高度人材
発行態様	金銭の払込み（金銭以外の資産の給付を含む）をさせないで発行された新株予約権（措令19の３①)
割当契約の内容	発行法人と特例適用対象者との間の付与契約において、以下の条件が定められていること 権利行使期間：付与決議の日後２年を経過した日から付与決議の日後10年（但し、一定の要件を満たす会社の場合には15年）を経過する日までに行うこと（措法29の２①一、措規11の３①) 権利行使価額:権利行使価額の年間の合計額が1,200万円（ただし、一定の要件を満たす会社の場合には、2,400万円又は3,600万円）を超えないこと（措法29の２①二) 権利行使価額が付与契約の締結のときにおける１株当たりの価額に相当する金額以上であること（措法29の２①三) 権利の譲渡：譲渡をしてはならないこと（措法29の２①四) 株式発行:会社法238条第１項に反しないで行われること（措法29の２①五) 株式の管理:権利行使により取得した株式が、取得後直ちに、一定の方法によって金融商品取引業者等の振替口座簿に記載等されること、又は一定の要件を満たしたうえ、発行会社で株式を管理すること（措法29の２①六）(48)。

なお、発行会社が税制適格ストックオプションを付与した場合、その付与をした日の属する年の翌年１月31日までに、特定新株予約権等の付与に関する調書を税務署長に提出しなければならないとされているため、注意が必要である（措法29の２⑥)。

なお、スタートアップ企業が税制適格ストックオプションを利用しや

(48) 非上場の株式の保管の委託若しくは管理等信託を受け入れる金融商品取引業者は一定数存在するようであるものの、事前に証券会社等への確認を要する。

すいように、令和６年度税制改正によって一部の適用要件が緩和されており、さらなる利便性の向上が期待される。

イ　税制適格要件の留意点

(a)　対象者に関する留意点

上記のとおり税制適格ストックオプションの対象者については、基本的には発行会社等の「取締役､執行役若しくは使用人」である。実務上、出向社員やみなし役員として取り扱われる委任型執行役員も含まれるかが問題となることがある。出向社員については、出向元との雇用関係が維持されていることが前提であるため､「使用人」に該当すると考えられる。他方、委任型執行役員の場合、取締役や執行役ではなく、かつ、厳密には委任契約であるので使用人にも該当しないと考えられる。しかし、税制適格ストックオプションの制度趣旨からして、委任型執行役員を適用対象から除外することは妥当ではない。厳格な文理からはやや疑問があるものの、使用人として適用対象とすべきであろう。

但し、当該被付与者である「取締役、執行役若しくは使用人」が、権利行使時にこれらの地位にあることは、税制適格の要件とはならないと考えられている(49)。また、付与対象者がストックオプションを行使できる期間内に死亡した場合において、当該新株予約権に係る付与決議に基づき当該新株予約権を行使できることとなるその者の相続人も対象となり得る（措令19の３⑤)。

中小企業等経営強化法上の一定の要件を充たした場合には、一定の社外の専門家等に対しても税制適格ストックオプションを付与することが可能となった。この取扱いは、主として必ずしも現金が豊富ではないスタートアップ企業を念頭においており、キャッシュアウトを伴うことなく高度な専門知識を有する専門家の登用を可能とする点でメリットがあ

---

(49)　平成10年９月４日　日本証券業協会「ストックオプション制度に係る税務上の取扱い（Q&A)」Q11。

る。

具体的な要件については、「認定社外高度人材活用新事業分野開拓計画にしたがって行われる社外高度人材活用新事業分野開拓に従事する社外高度人材が、当該社外高度人材活用新事業分野開拓を行う認定新規中小企業者等（会社であって資本金の額その他の事項について主務省令で定める要件に該当するものに限る）から当該計画にしたがって与えられた新株予約権の行使により当該認定新規中小企業者等の株式を取得した場合における当該株式の取得に係る経済的利益については、租税特別措置法で定めるところにより、課税の特例の適用があるもの」とされている（中小企業等経営強化法13）。なお、社外高度人材の要件については、令和6年度税制改正で一部緩和している。

(b)　発行態様に関する留意点

税制適格ストックオプションの要件として、金銭の払込みをさせないことが必要とされている（発行態様の要件）。無償構成の場合には、かかる要件を充足することに問題はない。しかし、相殺構成の場合、法的には債権の払込みがあったことになることから、相殺構成の場合にはかかる要件を充足しないのではないかという点が問題となり得る。この点について、国税庁は、質疑応答事例において、相殺構成であっても税制適格要件を充足し得ることを明らかにしている(50)。無償構成と相殺構成とで経済実質は同じであることからすると、かかる取扱いは妥当であると思われる。

なお、ストックオプションの契約内容を税制非適格から適格に変更した場合であっても、税制適格性は、当初の割当契約によって判断されることから、税制適格ストックオプションとなるわけではないと解されている(51)。

---

(50)　国税庁ホームページ「金銭の払込みに代えて報酬債権をもって相殺するストックオプションの税制適格の要否」。https://www.nta.go.jp/law/shitsugi/gensen/03/39.htm

(c) 権利行使期間に関する留意点

税制適格ストックオプションの要件を満たすためには、ストックオプションの権利行使期間を、付与決議の日後2年を経過した日から付与決議の日後10年を経過する日までとする必要がある。但し、発行会社が以下の要件を満たす場合は、権利行使期間が付与決議の日後15年を経過する日までとすることができる（措規11の3①）。

- 株式会社が、付与決議の日においてその設立の日以後の期間が5年未満であること。
- 株式会社が、付与決議の日において金融商品取引所に上場されている株式又は店頭売買登録銘柄として登録されている株式を発行する会社以外の会社であること。

従前においては、この「付与決議の日」がストックオプションの発行決議の日を指すのか、あるいは割当決議の日を指すのか、法令や通達等において明確ではないことが問題となっていた。そのため、実務上、いずれの日を起点としても税制適格要件を充足するような権利行使期間を設定して対処することが散見された。この点、本Q&A問6では、付与決議の日について、ストックオプションの割当てに関する決議の日をいうとする解説がくわえられ、明確化が図られた。また、権利行使期間要件が定める範囲内で、さらに付与契約等で権利行使できる期間について制限するような条件を付した場合において、その条件を付した期間が権利行使期間内であるときは、当該付与契約等において権利行使期間を実質的に短く定めたとしても、税制適格要件に反することにはならないと解されている(52)。

---

(51) 国税庁ホームページ「ストックオプション契約の内容を税制非適格から税制適格に変更した場合」。https://www.nta.go.jp/shiraberu/zeiho-kaishaku/shitsugi/shotoku/02/28.htm

(d) 権利行使価額に関する留意点

(i) 権利行使価額の設定

税制適格ストックオプションとしての取扱いを受けるためには、当該新株予約権の行使に係る1株当たりの権利行使価額は、当該新株予約権に係る契約を締結した株式会社の株式の当該契約の締結の時における1株当たりの価額に相当する金額以上でなければならない（措法29の2①三）。そのため、発行会社が非上場会社である場合における「新株予約権に係る契約を締結した株式会社の株式の当該契約の締結の時における1株当たりの価額」をどのように算出すべきかが問題となっていた(53)。こうしたなか、2023年7月に租税特別措置法関係通達29の2－1が創設され、「1株当たりの価額」は、所得税基本通達23～35共－9の例により算定することが原則である（原則方式）ものの、一定の条件によっているときは、財基通の例によって算定した価額が時価として認められる（特例方式）ことが明確化された。また、通達改正と同時に、本Q&Aが公表されたことにより、今後のスタートアップ企業におけるインセンティブプランが従前の実務から大きく変わることが予想されている。

従前の実務では、税制適格ストックオプションの1株当たりの価額を、直前に実行した資金調達における1株当たりの価額としたり、企業価値算定機関に依頼したバリュエーションによる価額としたりすることが多かったと思われる。これに対して、財基通による株式評価は、財務諸表や税務申告書をもとに比較的容易に株価を算定することができ、かつ、バリュエーションによる株価に比して低く評価される傾向

(52) 国税庁ホームページ文書回答事例「税制適格ストックオプションについて、一定の事由が生じた場合には権利行使期間内の一定の期間に限り権利行使ができる旨の条件を付した場合の税務上の取扱いについて」。https://www.nta.go.jp/about/organization/tokyo/bunshokaito/shotoku/181018-2/index.htm

(53) なお、当該価額を超える価額を行使価額と設定することも可能である。

がある（これに加えて、バリュエーションにかかるコストを節約することもできる)。そして、財基通に基づき算定した株価を権利行使価額として設定している限りにおいて、税務当局が原則として是認するという意味で、租税特別措置法関係通達29の２－１は「セーフハーバー」としての機能を有することになる。

租税特別措置法関係通達29の２－１

措置法第29条の２第１項第３号の「１株当たりの価額」は、所得税基本通達23～35共－９の例により算定するのであるが、新株予約権を発行する株式会社（以下「発行会社」という。）が、取引相場のない株式の「１株当たりの価額」につき、昭和39年４月25日付直資56・直審（資）17「財産評価基本通達」（法令解釈通達）（以下「財産評価基本通達」という。）の178から189－７までの例によって算定した価額としているときは、次によることを条件として、これを認める。

⑴ 「１株当たりの価額」につき財産評価基本通達179の例により算定する場合（同通達189－３の⑴において同通達179に準じて算定する場合を含む。）において、新株予約権を与えられる者が発行会社にとって同通達188の⑴に定める「中心的な同族株主」に該当するときは、発行会社は常に同通達178に定める「小会社」に該当するものとしてその例によること。

⑵ 発行会社が土地（土地の上に存する権利を含む。）又は金融商品取引所に上場されている有価証券を有しているときは、財産評価基本通達185に定める「１株当たりの純資産価額（相続税評価額によつて計算した金額）」の計算に当たり、これらの資産については、新株予約権に係る契約時における価額によること。

⑶ 財産評価基本通達185の本文に定める「１株当たりの純資産価額（相続税評価額によって計算した金額）」の計算に当たり、同通達186－２により計算した評価差額に対する法人税額等に相当する金額は控

除しないこと。

（注）　発行会社が、会社法第108条第１項に掲げる事項について内容の異なる種類の株式を発行している場合には、その内容を勘案して「１株当たりの価額」を算定することに留意する。

原則方式と特例方式の選択可否についてまとめると下表のとおりである(54)。

区分			株式の価額	
			原則方式	特例方式
株式	取引相場のある株式	上場株式	取引相場価額	選択不可
		気配相場等のある株式	気配相場価額 公募等の価額	
	取引相場のない株式	売買実例のある株式	売買実例価額	選択可
		売買実例のない株式	類似会社の株式の価額	
			純資産価額等を参酌して算定した価額	

特例方式の特徴的な点は、売買実例がある場合や、類似会社比準で適正に評価できる場合であっても、財基通による評価が認められることである。これは、原則方式では、所得税基本通達23～35共－９(4)イ及びハにおいて、財基通による評価に優先して売買実例価額と類似会社比準価額によって評価することが定められているところ、特例方式に係る規定である租税特別措置法関係通達29の２－１にはこれら

(54)　国税庁ホームページ「ストックオプションに対する課税（Q&A）最終改訂令和５年７月」https://www.nta.go.jp/law/tsutatsu/kihon/shotoku/kaisei/230707/pdf/02.pdf 10頁。

の定めが置かれていないためである。さらに、所得税基本通達23～35共－9⑷ニは、「著しく不適当と認められるときを除き」という要件が課されているが、他方で、特例方式では、セーフハーバーという趣旨から、この要件が課されていない点も挙げられる。

(ii) 財産評価基本通達による株価算定

財基通による非上場株式の評価は、原則的評価方式である「類似業種比準価額方式」と「純資産価額方式」、特例的評価方式である「配当還元方式」のいずれかの方式によって行われることになる。本書では、紙幅の関係上、これらの評価方式の詳細について解説することはしないが（第一分冊170頁以下参照）、財基通による非上場株式の評価は、まず株式の取得者を支配株主（同族株主）と少数株主に分類したうえで、支配株主については原則的評価方式を、少数株主については特例的評価方式(55)を用いることとされている（財基通188・188－2）。

(イ) 配当還元方式による株式評価

一般に、ストックオプションの付与を受ける役職員は少数株主に該当するため、多くの場合で配当還元方式により評価することができると考えられる。配当還元方式は、原則的評価方式と比較して株価が大きく引き下がる傾向にあり、その点において、役職員はメリットを享受することができる。

配当還元方式の計算方法は以下のとおりであるが、少数株主は会社に対する支配権を有しておらず、専らその経済的価値は会社から支払われる配当に依存するため、過去に支払われた配当額を評価の基準要素としている。

---

(55) 但し、原則的評価方式が特例的評価方式よりも低く評価される場合には、原則的評価方式を選択することができる。

$$配当還元価額 = \frac{その株式に係る年配当金額^{※}}{10\%} \times \frac{その株式の1株当たりの資本金等の額}{50円}$$

※　1株当たりの資本金等の額を50円とした場合の配当金額。配当金額が2円50銭未満の場合は2円50銭として計算する。

配当還元方式における留意点は、仮にスタートアップ企業が無配であったとしても（実際にほとんどのスタートアップ企業は無配であると考えられる）、1株当たり2円50銭の配当を支払ったと仮定して株価を算定する必要があるという点である。すなわち、無配であったとしても、配当還元方式による株価が0円になることはない。これは、下記の純資産価額方式による株式評価と異なる特徴であるといえる。

(ロ)　純資産価額方式による株式評価

一方、原則的評価方式である純資産価額方式は、会社の資産及び負債の相続税評価額を算定したうえで、資産の価額から負債の価額を差し引いた純資産額を発行済株式数で除して1株当たりの純資産価額を算定する評価方式である。この株式評価の基準時は、付与契約時によることが原則であるが、以下に掲げる場合を除き、直前期末の決算に基づくことができることとされている。但し、その場合であっても、発行済株式数については直前期末の株式数を用いることはできず、ストックオプションの付与契約時の株式数を用いなければならない。

・ストックオプションの付与契約日が直前期末から６月を経過し、かつ、その日の純資産価額が直前期末の純資産価額の２倍に相当する額を超えている場合
・直前期末からストックオプションの付与契約日までの間に、株式を発行している場合

なお、２点目に該当する場合には、直前期末の純資産価額に、株式の発行の際に払い込みを受けた金額を資産の額に加算して、純資産価額を算定することができる。

実務上、租税特別措置法関係通達29の２－１の創設がもっとも影響を与えるのは、普通株式に係る純資産価額の算定にあたり、優先株式に分配される純資産価額を控除することができるとされた点である。

スタートアップ企業のなかには、設備投資や人件費等の運転資金の支出による赤字が相当期間継続し、資金調達したキャッシュが社外流出しているような会社も少なくない。この場合、税務上の純資産額は投資家から受けた累計資金調達額よりも低くなることもあり得る。そのようなケースにおいて、優先株式に係る残余財産の優先分配が１倍優先以上である場合には、会社全体の純資産価額から優先株式分配額を控除した残額はマイナスになり、結果として、参加型・非参加型の別を問わず、普通株式に係る純資産額はマイナスになる。会社法上、非上場会社における新株予約権の権利行使価額は１円以上に定める必要があるため(56)、普通株式に係る純資産価額がマイナスになる場合は、備忘価額として１円以上の任意の価額を権利行使価額として設定することになる。

---

(56) 上場会社の場合には、取締役に対してストックオプションを発行するとき、権利行使価額を０円とすることが認められている（会社法236③一）。

なお、優先株式に係る優先分配の内容が非参加型であるときは、発行済の普通株式数のみを発行済株式数として１株当たりの純資産価額を算定することになる。

優先株式を発行している場合の純資産価額の評価を図示すると以下のとおりである。

【前提】
・資産の相続税評価額1.5億円、負債の相続税評価額0.5億円
・優先株式に係る出資金額は２億円
・優先株式の内容は、参加型、残余財産の優先分配は出資金額の1.0倍とする

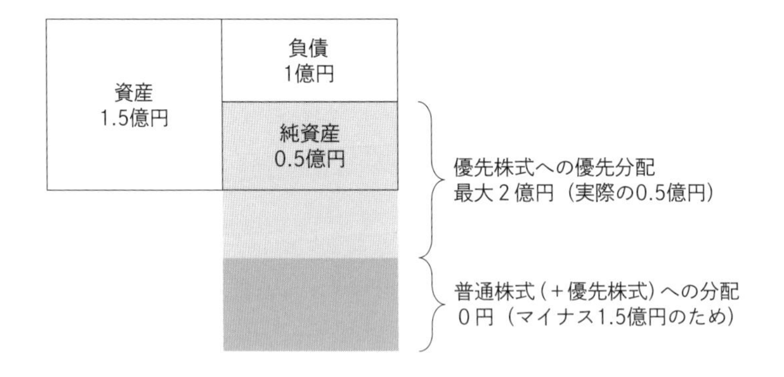

なお、VC等の投資家に発行した優先株式は、通常、IPOのタイミングなどで普通株式に転換することが予定されているが、普通株式に係る純資産価額を計算するにあたっては、転換に関する条項を加味することなく、付与契約時に優先株式として発行されているものについては、当該優先株式に係る優先分配額を純資産価額から控除することとなる。

また、J-KISSなどの残余財産の優先分配を受けることができる新株予約権については、純資産価額の計算にあたり、優先株式として

取り扱うことができることとされている点に留意を要する。

(ハ) 通達改正後における権利行使価額の変更

税制適格ストックオプションの各要件は、新株予約権に係る契約により与えられた新株予約権を当該契約にしたがって行使することが前提とされているため、当該契約の内容を事後的に変更した場合は、原則として、税制適格ストックオプションの要件を充足しないこととなる。

但し、本Q&A問10において、当初の付与契約等が税制適格ストックオプションの各要件を満たしている場合において、租税特別措置法関係通達29の2－1に定める要件を満たす形で権利行使価額を引き下げる契約変更を行ったときは、例外的に税制適格ストックオプションとして認められることが示された。

しかし、新株予約権の発行後、その内容を変更するためには、以下の要件を満たす必要があると解されている(57)。

① 新株予約権の発行決議をした機関において、当該新株予約権の内容を変更する旨の決議をすること
② 取締役会により内容変更の決議をした場合において、株主以外の者に対し特に有利な条件となるときは、更に株主総会の特別決議を得ること
③ 原則として、新株予約権者全員の同意があること

新株予約権を取締役会の決議で発行していたとしても、行使価額を引き下げる場合には、株主総会の特別決議が必要とされ、さらに、新株予約権者全員の同意も必要となるため、ハードルは高い。

(57) 松井信憲『商業登記ハンドブック』(商事法務、第3版、2019年) 352頁。

ⅲ 通達改正と会計処理上の課題

上記のとおり、税制適格ストックオプションの権利行使価額を、財基通の定めに基づいて評価することは、役職員にとって大きなインセンティブになる一方で、実際に財基通の定めに基づく権利行使価額でストックオプションを発行することができるかどうかは、税務上の取扱いに加えて、会計上の処理についてもあわせて検討する必要がある。

非上場会社がストックオプションを役職員に付与した場合の会計処理は、ストックオプションの単位当たりの本源的価値の見積りに基づいて行うことができるとされている(58)。ここに「単位当たりの本源的価値」とは、算定時点におけるストックオプションの原資産である自社株式の会計上の株価と権利行使価額との差額をいう。この本源的価値がプラスとなる場合は、会計上株式報酬費用を計上する必要がある。従前の実務では、権利行使価額を会計上の株価以上で設定することが多かったため、ほとんどの場合で本源的価値はゼロとなり、株式報酬費用を計上することはなかったものと思われる。

今回の通達改正によって、税務上の株価（配当還元価額や純資産価額）を権利行使価額として設定することでストックオプションには本源的価値があると認められて、株式報酬費用の計上を求められることが想定されている。この点、通達改正案が公表されたことを受けて、日本公認会計士協会は、従前の会計処理に変更はなく、本源的価値が認識される場合に、株式報酬費用を計上する必要があることを公表している(59)。

---

(58) 企業会計基準第8号ストック・オプション等に関する会計基準。

(59) 日本公認会計士協会「国税庁「「租税特別措置法に係る所得税の取扱いについて」（法令解釈通達）等の一部改正（案）」に対する意見について」https://jicpa.or.jp/specialized_field/files/4-2-0-2-20230628.pdf。また、ASBJ副委員長である紙谷孝雄氏は、個人的意見として、日本公認会計士協会と同様の考え方を示している（紙谷孝雄『税制適格ストック・オプションに係る会計上の取扱いについて照会を受けている論点に関する解説』https://www.asb.or.jp/jp/wp-content/uploads/20230707_manual.pdf）。

株式報酬費用の計上有無がインセンティブプランの方針に与える影響はスタートアップ企業ごとに区々であると考えられるが、税制適格ストックオプションの付与にあたっては、法務・税務以外の考慮要素として、会計処理についても慎重な検討が求められるだろう。

⒤ 権利行使価額の上限

税制適格ストックオプションに係る付与契約等において、年間の権利行使価額が1,200万円を超えてはならないとする旨を定める必要がある（措法29の２①二）。また、実際の権利行使価額の年間の合計額が1,200万円を超えるときは（一定の要件を満たす場合には、2,400万円又は3,600万円）、その超えることとなる権利行使に係る部分について、税制適格ストックオプションの要件を満たさないこととなる（措法29の２①但書）。

例えば、ある新株予約権者が、A社が発行した税制適格ストックオプションAと、B社が発行した税制適格ストックオプションBを保有している場合において、ある年にストックオプションAを権利行使（権利行使価額800万円）したあとに、ストックオプションBを権利行使（権利行使価額500万円）したときは、ストックオプションAについては税制適格となる一方で、ストックオプションBについては、年間の権利行使価額が1,200万円を超えることとなる権利行使となるため、税制適格要件を満たさないことになり、ストックオプションBの権利行使時の経済的利益全てが課税対象となる。

こうした権利行使価額の上限によって、１年間で行使できるストックオプションの数に上限が設定されることになる(60)。さらに、ストッ

(60) 株主価値の総額が120億円の非上場会社が存在するとして、特定の取締役等に0.1%に相当する新株予約権を付与する場合、その権利行使価額の総額はおよそ1,200万円となろう。したがって、上記設例で示した水準を超えて新株予約権を付与する場合、権利者は、当該非上場会社が上場したとしても、１年間のうちに税制適格ストックオプションのすべてを行使することができない状況が生じるということになる。

クオプションを発行する際に、権利行使期間内のいずれの年においても1,200万円を超えることがないように規定されていることが必要である旨の見解[61]もある。税制適格ストックオプションの行使期間については上記のとおり付与決議日から２年以内には行使できず、10年（一定の場合には15年）以内に行使する必要があるため、最長８年間（延べ年数で９年）という限定がある。したがって、権利行使価額の総額を1,200万円×８年（延べ９年）＝9,600万円（１億800万円）以内とせざるを得ない。

以上のとおり、スタートアップ企業が成長するにつれ、役職員１名あたりに税制適格ストックオプションとして付与できるストックオプションの上限となる数が減少し、十分なインセンティブ効果を発揮させることができなくなる可能性がある。

(e)　保管要件に係る留意点

税制適格ストックオプションの要件として、付与契約において、権利行使により取得した株式が、取得後直ちに、一定の方法によって金融商品取引業者等の振替口座簿に記載等されることが必要とされている（但し、一定の要件を満たす場合には、発行会社が株式を管理することが認められる）。

発行会社の株式が上場に至った時は上記付与契約中の定めにしたがった取扱いを受けることは可能であるが、非上場のままで（例えば発行会社のM&Aに際して）税制適格ストックオプションを行使すると、上記付与契約中の定めにしたがった取扱いを受けることは（不可能ではないものの）必ずしも容易ではなく、仮に金融商品取引業者等の振替口座簿に記載等されることがなければ、その行使に際して税制適格ストックオプションとして税務上有利な取扱いは受けられなくなる。そのため、税

---

(61)　冨永賢一『現物給与をめぐる税務』（大蔵財務協会、令和４年度版）549頁

制適格ストックオプションを付与された役職員は、理論的には、M&Aではなく株式上場を志向するよう動機づけられることになる。しかし、このような仕組みの合理性については検討の余地があるものと思われる。

なお、非上場会社においては、権利行使を受けた際、株券を発行し、その株券を金融商品取引業者等に直接引き渡す場合は、保管委託要件を満たすことになるとされている。その一方で、本Q&A問11では、「発行会社が未上場かつ株券不発行会社である場合には、契約等に基づき、発行会社から金融商品取引業者等に対して株式の異動情報が提供され、かつ、発行会社においてその株式の異動を確実に把握できる措置が講じられている場合には、「金融商品取引業者等の振替口座簿に記載若しくは記録を受けること」に相当するものであることから、株券の発行及び株券の金融商品取引業者等への引渡しをせずとも、保管委託要件を満たすこととな」ることが明らかにされた。ここにいう「株式の異動を確実に把握できる措置」とは、例えば、税制適格ストックオプションの付与に関する契約で、税制適格ストックオプションの行使の際に、発行会社が指定した金融商品取引業者等への売り委託又は譲渡以外の方法で株式を譲渡した場合に、発行会社はその株式を没収するとともに権利者に対して違約金の支払を求めることができる事項を設けることが考えられる。これらのアレンジについては、金融商品取引業者等との交渉・調整が必要になる。

(f) その他の留意点（自己新株予約権を付与した場合の税制適格性の判定）

付与時に税制適格ストックオプションとして設計したストックオプションについて、当初の付与対象者が行使可能条件を満たさなくなった（自己都合による退職等）場合など、発行会社が当該ストックオプションを無償取得した場合に、発行会社が別の役職員に対して当該ストックオプションを税制適格ストックオプションとして付与できるかという問題がある（ストックオプションの付与自体は、新たに新株予約権を発行するのでも自己新株予約権を交付するのでも可能である）。

しかしながら、租税特別措置法上は、税制適格ストックオプションの要件として新株予約権が会社法238条２項の決議（会社法239条１項の決議による委任に基づく募集事項の決定及び会社法240条１項の規定による取締役会の決議を含む。以下同じ）に基づいて付与されることが必要であるところ（措法29の２①柱書）、会社法上、自己新株予約権の付与はあくまで新株予約権の譲渡として規律されており、その付与にあたっては会社法238条２項の決議は行われない（逆に、募集新株予約権の発行は、新たに発行される新株予約権に限られている）。したがって、自己新株予約権を交付する場合には会社法238条２項の決議に基づいて付与されるという要件を満たさず、税制適格性は失われるという帰結になるように思われる。

❷ 役職員の課税関係

税制適格要件を満たす場合、ストックオプションの付与時に課税は生じず、役職員がストックオプションの権利行使時においても課税も生じない（措法29の２）。その後、ストックオプションを行使して取得した株式を譲渡したときに、譲渡価額と取得費（権利行使価額）との差額につき、株式等に係る譲渡所得等として分離課税されることになる（措法37の10）。

したがって、税制適格ストックオプションの場合、課税の時期が株式譲渡のタイミングまで繰り延べられるのと同時に、所得の区分も譲渡所得として分離課税の対象となるため、税務上、有利な取扱いを受けることになる。

❸ 発行会社の課税関係

上記のとおり、税制適格ストックオプションの場合、付与対象者に給与等課税事由が生じないため、いずれの段階においても、発行会社は損金算入することができない（法法54の２②）。なお、権利行使時に払い込まれた行使価額は、資本金等の額に計上される（法令８①ニ）。

【税務仕訳】			
（借）現金（行使価額）	××円	（貸）資本金等の額	××円

なお、税制適格ストックオプションが権利行使されずに失効等により消滅した場合には、株式報酬費用が損金不算入とされる取扱いと平仄を合わせるため、当該消滅による利益の額は益金に算入されない（法法54の２③）。

(3) 有償ストックオプション

❶ 概要

有償ストックオプションのメリットは、税制適格ストックオプションが抱えている問題点を回避しながらも、その付与対象者及び発行会社に係る課税関係は、税制適格ストックオプションと原則として同様になる点にある。

有償ストックオプションの発行に際しては、公正な評価額が払い込まれることになる。そのため、業績達成条件や株価条件が付され、当該公正な評価額を比較的安価に設定するということが一般に行われている。

しかし、業績達成条件や株価条件を付してもなお、有償ストックオプションの公正な評価額が被付与者にとって高額であって、被付与者自身が必要な払込金額を用立てることができず、有償ストックオプションの被付与者に対して、発行会社が給与や報酬等として金銭を支払い、あるいは金銭を貸し付け、有償ストックオプションの被付与者がこれを有償ストックオプションの引受けに充てるということも検討され得る。

このように、発行会社が提供した金銭を払込みに充てることで受ける有償ストックオプションの発行が、税制非適格ストックオプションと同様の課税上の取扱いを受けることにならないかは問題となり得る。上記のような事情のみをもって有償ストックオプションの発行が役務の提供その他の行為による対価には該当しないと考えるのが合理的であるが、他の事情とあわせてそのような判断がされる可能性は否定でききため、事案に応じた慎重な検討が必要となる。

❷ 付与対象者（役職員）の課税関係

ア　権利付与時

付与対象者が新株予約権の公正価額を実際に払い込んだ場合、付与対象者に所得は生じず、課税も発生しない。そして、実際に払込みをした金額が当該ストックオプションの取得価額となる（所令109①一）。

イ　権利行使時

有償ストックオプションの場合、「役務の提供その他の行為による対価」（所令84②二括弧書）には該当しないことを前提に、その権利行使により取得した株式の取得価額は、行使価額に新株予約権の取得価額を加算したものとされている（所令109①一）。そのため、有償ストックオプションの権利行使時においては、原則として付与対象者には所得は生じず、課税関係は発生しないと考えられている(62)。

なお、有償ストックオプションに付された条件が成就しなかったこと、対象となる株式の時価が権利行使価額に満たなかった等の理由により行使されずに失効し、発行会社に無償取得されることがある。この場合、被付与者において無価値化に伴う損失が生じることになるが、新株予約権が無価値化したうえで無償取得されているため、当該損失は他の所得と通算することができない(63)。

ウ　株式譲渡時

ストックオプションの行使により取得した株式を譲渡した場合、譲渡価額から、当該株式の取得価額を控除した額が、付与対象者の株式等に係る譲渡所得等として分離課税される（措法37の10）。

---

(62) Q&A問２において、所得税法上、有償ストックオプションの権利行使時において、権利行使に係る経済的利益は認識しないことが確認された。

(63) 無償取得に代えて、被付与者が新株予約権を放棄する方法もあるが、その場合も、被付与者において無価値化に伴う損失を他の所得と通算することができない点は無償取得の場合と同様である。

❸ 発行会社の課税関係

ア　権利付与時

有償ストックオプションは通常の新株予約権と同様に税務上負債として取り扱われるため、特段の課税関係は生じない。

【税務仕訳】

(借)	現　　金	××円	(貸)	新株予約権	××円

イ　権利行使時

有償ストックオプションの権利行使により払い込まれた行使価額と負債に計上されている新株予約権の帳簿価額の合計額が資本金等の額の増加額となる（法令8①二）。

有償ストックオプションの場合、被付与者に給与等課税事由が生じないため、いずれの段階においても、発行会社における損金算入は認められない（法法54②）。

【税務仕訳】

(借)	現金（行使価額）	××円	(貸)	資本金等の額	××円
	新株予約権	××円			

また、有償ストックオプションが行使されず失効した場合には、税制非適格又は税制適格ストックオプションと異なり、発行会社が無償取得した有償ストックオプションの帳簿価額相当額が新株予約権消滅益として益金に算入されることになる。

【税務仕訳】

(借)	新株予約権	××円	(貸)	新株予約権消滅益	××円（益金算入）

ウ　株式譲渡時

被付与者が有償ストックオプションの行使により取得した株式を譲渡した場合、株主に異動が生じるのみであるため、発行会社には特段の課税関係は生じない。

(4) ストックオプションとM&A

スタートアップ企業の創業者がM&AによりExitを目指す場合、対象会社となるスタートアップ企業が役職員に対してストックオプションを発行しているとき、買収会社が対象会社を完全子会社化するためには、原則として、対象会社のストックオプションを何らかの形で処理する必要がある。ストックオプションの権利行使期間が到来している場合には、権利行使してもらったうえ、買収会社が買い取ることが通常である。しかし、権利行使期間の始期が未到来の場合や行使条件を充足していないときは、どのようにストックオプションを処理するのかという点が実務上の問題となる。

そこで以下では、対象会社（発行会社）又は買収会社がストックオプションを買い取ることによって処理する場合の課税関係と、組織再編を利用して処理する場合に分けて解説する。

❶ 買取りによるストックオプションの処理

ア　発行会社による買取り

(a)　役職員の課税関係

まず、発行会社がストックオプションを買い取ったうえで、当該ストックオプションを消却することで処理することができる。ストックオプションは譲渡制限が付されている（譲渡するときに株式会社の承認が必要とされている）ことが一般的であるが、発行会社に対して譲渡する場合には、発行会社の譲渡承認は不要である（会社法262）。

発行会社が税制非適格のストックオプションを買い取った場合、ストックオプションを譲渡した役職員において、その対価は給与所得等として課税されることになる（所法41の２）。

一方、税制適格ストックオプションの場合、その取扱いは必ずしも明らかではないものの、条文上は所得税法41条の2は適用されず（所令88の2①)、株式等に係る譲渡所得等として分離課税されると解するのが合理的である（措法37の10)。有償ストックオプションについても、税制適格ストックオプションと同様に所得税法41条の2は適用されず、株式等に係る譲渡所得等を構成すると思われる。

(b) 発行会社の課税関係

発行会社においては、ストックオプションの購入対価に取得費用を加算した金額が資産（自己新株予約権）として計上される。

【税務仕訳】

（借）	自己新株予約権	××円	（貸）	現　金	××円

それとあわせて、税制非適格ストックオプションを買い取った場合には、当該税制非適格ストックオプションについて給与等課税事由が生じることになることから、そのオプションバリュー相当額（買取りの対価として支払った金額ではない点に注意）について、買い取った事業年度において損金算入が可能である（法法54の2①)。

また、対象会社は、役職員において給与所得又は退職所得に該当する場合には、源泉徴収する必要がある（所法183・199)。上記(a)で解説したように、税制適格ストックオプション及び有償ストックオプションについて所得税法41条の2の適用がないとする解釈による場合、発行会社においては、給与等課税事由が生じることはないことから、発行会社が買い取った段階では損金算入できず、また、源泉徴収も不要という帰結になる。

なお、発行会社が自己新株予約権を消却した場合、発行会社は、新株予約権の消滅損（自己新株予約権（資産）と新株予約権（負債）との差額相当額）を損金に算入することができる。

【税務仕訳】
（借） 新株予約権消滅損 ××円 （貸） 自己新株予約権 ××円

イ 買収会社による買取り

(a) 役職員の課税関係

発行会社ではなく、買収会社がストックオプションを買い取ることもしばしば行われている。この場合、対象会社がストックオプションの譲渡制限を解除（譲渡の承認）したうえで、ストックオプションの付与対象者（役職員）が買収会社に対して当該ストックオプションを譲渡することになる。

この場合、どのような課税関係となるのか。まず、税制非適格ストックオプションを譲渡した役職員について、国税庁は、質疑応答事例において、譲渡制限の解除が行われた時点で給与所得等が生じるとの取扱いを明らかにしている(64)。当該質疑応答事例では、給与所得等が生じる理由として、「この譲渡制限の解除により、それまで未実現と捉えられていた経済的利益が顕在化し、収入すべき金額が実現したものと考えられます」と解説している。そして、ストックオプションの譲渡に関しては、「給与所得として課税される経済的利益の額（譲渡承認日における本件ストックオプションの価額（時価））に相当する額が本件ストックオプションの譲渡に係る譲渡所得等に係る取得費等となりますので、本件ストックオプションの譲渡により、譲渡所得等は生じません。」とし、譲渡制限の解除と譲渡が近接していれば、株式等に係る譲渡所得等（措法37の10）は生じないことを明らかにしている。

税制適格ストックオプションの譲渡制限を解除した場合の課税関係については、税務当局の見解は公にされておらず、慎重な検討が必要であ

---

(64) 国税庁ホームページ「被買収会社の従業員に付与されたストックオプションを買収会社が買い取る場合の課税関係」。https://www.nta.go.jp/law/shitsugi/shotoku/02/49.htm

る(65)。なお、有償ストックオプションについても同様であるが、譲渡所得となると解するのが合理的である。

(b) 発行会社の課税関係

上記(i)の国税庁の取扱いを前提とすると、発行会社において、税制非適格ストックオプションについて給与等課税事由が生じることになることから、当該ストックオプションのオプションバリューについて、譲渡制限を解除した事業年度において損金算入が可能となる（法法54の2①）。また、発行会社は、役職員において給与所得又は退職所得に該当する場合には、源泉徴収する必要がある。この点について、M&Aの後においても、ストックオプションを譲渡した役職員が発行会社に残る場合には、発行会社は、後の給与等から控除して源泉税相当額を回収することが可能である。しかし、当該役職員がM&Aを機に退職する場合には、発行会社が当該役職員に対して源泉税相当額を請求する必要がある（所法222）。かかる請求の手間を回避するため、買収会社が、当該役職員からのストックオプションの買取りの際に、当該ストックオプションの買取価格から源泉税相当額を控除し、買収会社が発行会社に対して当該源泉税相当額を交付して処理するというアレンジも考えられる。

(c) 買収会社の課税関係

買収会社がストックオプションを取得した場合、購入対価に取得費用を加算した金額が資産として計上される。

【税務仕訳】

(借)	新株予約権	××円	(貸)	現　　金	××円

(65) 平成17年頃の、大阪国税局「審理課インフォメーション（第60号）」（TAINSコードH000000課税第一情報大阪060）によれば、税制適格ストックオプションの譲渡禁止条項を解除して譲渡させた場合には、譲渡承認時にその利益相当額を給与所得として課税することが相当である旨記載されている。

その後の処理として、買収会社が権利行使する方法と権利行使せずにストックオプションを失効させる方法が考えられる。買収会社が権利行使した場合、行使価額とストックオプションの取得価額の合計額が株式の取得価額とされる。

【税務仕訳】

（借）	株　　式	××円	（貸）	新株予約権	××円
				現金（行使価額）	××円

これに対し、ストックオプションを失効させた場合、新株予約権の消滅損が損金算入できると考えられる。

【税務仕訳】

（借）	新株予約権消滅損	××円	（貸）	新株予約権	××円

❷　組織再編によるストックオプションの処理

合併や分割、株式交換等の組織再編が行われた場合に、被合併法人や分割法人、株式交換完全子法人が発行しているストックオプションの処理方法は、主に、発行法人が有償で取得する方法、無償で取得する方法のほか、既存のストックオプションを消滅させたうえで、合併法人等のストックオプションを新たに交付する方法が考えられる。

発行法人が有償又は無償で取得する方法は、発行会社による買取り（上記❶ア）と同様の取扱いとなるため、以下では合併法人等のストックオプションを新たに交付する方法の課税関係について解説する。

まず、合併等において、消滅会社等のストックオプションを有している者に対して、存続会社等のストックオプションのみが交付される場合には、課税繰延べが認められている（所令116）。発行会社においては、消滅するストックオプションが非適格ストックオプションか適格ストックオプションかによって処理が異なる（法令111の３等）。なお、国税庁は、質疑応答事例及び文書照会において、合併又は株式移転において、対象会社が発行していた適格ストックオプションに対して、買収会社のストックオプションが発行される場合、引き続き適格ストックオプションとして取り扱うことを明らかにしている(66)。

なお、新株予約権の募集事項として、組織再編におけるストックオプションの取扱いを定めることが可能であり、ストックオプションの取得に関して、組織再編に係る議案につき株主総会で承認された場合、ストックオプションを無償で取得できると定められていることがある。もっとも、実務上は、In the money（権利行使額よりも株式の時価が高い局面）となっているストックオプションに関しては、かかる無償取得条項等を材料として、付与対象者（役職員）との間で対象会社又は買収会社による買取り交渉を行うのが一般的であり、対象会社が無償で取得又は消滅させることはあまり行われていないようである。

(5) ストックオプションと国際課税

❶ 出国時の取扱い

ストックオプションの付与を受けた役職員が海外の子会社等に出向又は転籍するために、ストックオプションの権利行使前に日本から出国することがまれに見受けられる。その場合に、国外転出時課税により当該ストックオプションの含み益に対して譲渡所得課税が生じるかという点が問題となり得る。

まず、ストックオプションは新株予約権証券に該当するため（金商法２①

(66) 国税庁ホームページ「吸収合併により消滅会社のストックオプションに代えて存続会社から交付されるストックオプションについて権利行使価額等の調整が行われる場合」https://www.nta.go.jp/law/shitsugi/gensen/03/40.htm及び「株式移転に伴い設立完全親会社から新株予約権が交付される場合の税務上の取扱いについて」。https://www.nta.go.jp/about/organization/tokyo/bunshokaito/gensen/03/01.htm

九)、原則として、国外転出時課税の対象となる有価証券等に含まれることになる（所法２①十七、所令４①一)。但し、平成26年度税制改正により、非居住者がストックオプションを行使したことにより生じた所得のうち、国内において行った勤務等に基因するものは、日本における国内源泉所得として課税対象となった（所法161①十二）ことを受けて、平成28年度税制改正により、次に掲げる有価証券等は国外転出時課税の対象範囲から除外されたため（所法60の２①、所令170①二)、税制非適格ストックオプションは対象外とされることとなった。

・所得税法施行令84条（譲渡制限付株式の価額等）１項に規定する特定譲渡制限付株式又は承継譲渡制限付株式で、同項に規定する譲渡についての制限が解除されていないもの
・所得税法施行令84条３項各号に掲げる権利（株式を無償又は有利な価額により取得することができる一定の権利）で、その権利を行使したならば経済的な利益として課税されるものを表示する有価証券

また、税制適格ストックオプションについても、その行使により取得した株式を譲渡した場合、当該譲渡により生じる所得は国内源泉所得として日本で課税される（所法161①三、所令281①四、措令19の３㉓）ことから、国外転出時課税の対象から除外されている（所基通60の２－６)。

ところで、税制適格ストックオプションの保有者が非居住者になる場合に特に留意を要するのは、税制適格ストックオプションの要件のうち、いわゆる株式の保管委託要件である（上記(2)❶イ(e)参照)。税制適格ストックオプションの保有者が非居住者となったことに伴い、金融商品取引業者等と締結していた株式の保管委託を解約した場合、当該解約した株式について時価で譲渡したものとみなされる（措法29の２①六・同④一)。金融商品取引業者等のなかには、非居住者用の証券口座に対応していないところがあるため、実務的な対応として、非居住者口座を準備できる他の金融商品取引業者等の

証券口座に移管することが考えられるが、その場合にも譲渡があったものとみなされることになる。

❷ 非居住者によるストックオプションの課税関係

ア 税制非適格ストックオプションの場合

非居住者が税制非適格ストックオプションを権利行使して取得した株式の時価と権利行使した差額（権利行使益）のうち、権利付与から権利行使までの期間に占める国内勤務期間の割合に応じた金額が国内源泉所得に該当し、当該非居住者が国内に恒久的施設を有しない場合には、源泉分離課税に服することになる（所法161①十二イ、所令164②二）。この場合に、発行法人は20.42％の税率で源泉徴収義務を負うことになる（所法212①、213①一）。

また、非居住者が内国法人の役員であるときは、人的役務の提供地が国外であったとしても、当該人的役務の提供に係る所得は国内源泉所得として取り扱われるため（所法161①十二イ）、権利行使益の全額が国内源泉所得として源泉徴収の対象となる。

また、非居住者が税制非適格ストックオプションの権利行使により取得した株式を譲渡した場合、通常の非居住者による株式譲渡と同じ課税関係になる。

イ 税制適格ストックオプションの場合

租税特別措置法29条の２の規定は、居住者に限定されたものではないため、非居住者が権利行使した場合についても適用がある。したがって、非居住者が税制適格ストックオプションを権利行使した場合、日本において課税関係は生じない。

また、非居住者が税制適格ストックオプションの権利行使により取得した株式を譲渡した場合、当該所得は国内にある資産の譲渡により生じる所得とされ（措令19の３㉓、所令281①四ロ）、日本で課税対象となる。但し、租税条約の適用により、権利行使益部分のみが日本の課税対象とされることもあるため(67)、注意が必要である。

COLUMN　信託型ストックオプション

令和５年５月30日に、国税庁はストックオプションに対する課税（Q&A）を公表した。本Q&Aは主にストックオプション全般に関する税務上の取り扱いが解説されており、そのなかには、いわゆる信託型ストックオプションの課税関係も含まれている。議論を呼んだのは、本Q&Aで示された信託型ストックオプションの課税関係が、実務上これまで想定されてきた課税関係とは異なるものだったからである。信託型ストックオプションは多くのスタートアップ企業で導入されており、今後のインセンティブプランに大きな影響を与えることが懸念されている。

国税庁が本Q&Aで示した課税関係に触れる前に、まず信託型ストックオプションの概要と従前に想定されていた課税関係について説明したい。

信託型ストックオプションは、創業者等の委託者が受託者に対して、有償ストックオプションを引き受けるための金銭を信託することにより行われるが、信託の契約締結時において、受益者等が存在しない信託とすることがポイントである。これにより、税務上は法人課税信託という特殊な課税類型に該当し、受益者が指定されるまでのあいだ、有償ストックオプションを誰にも帰属しない状態をつくり出すことが可能となる。そして、会社に対する貢献度等に応じて役職員の中から受益者が指定され、有償ストックオプションが受益者に分配された際及び当該ストックオプションの権利行使した際に課税関係が生じないことが大きなメリットの一つである。

信託型ストックオプションの主な手続は以下のとおりである。

---

(67)　日米租税条約の適用関係については、質疑応答事例「米国支店に出向中の従業員が税制適格ストックオプションを行使して取得した株式を譲渡した場合」が参考になる。
https://www.nta.go.jp/law/shitsugi/shotoku/02/34.htm

① 創業者等の委託者が受託者と信託契約を締結し、金銭を信託譲渡する。
② 受託者は信託譲渡を受けた金銭をもって発行会社から有償ストックオプションを引き受ける。
③ 事前に定められた受益者指定のガイドラインにしたがって、役職員が受益者として指定される。
④ 受益者指定により信託期間が満了し、受託者は有償ストックオプションを受益者に分配し、信託は終了する。
⑤ 各役職員は有償ストックオプションを行使して株式を取得する。

信託型ストックオプションの課税関係は、上記①で委託者が受託者（受託法人）に金銭を信託譲渡したときに受託法人において受贈益として法人税等が課されることになり、それ以降の②から⑤の各ステップでは課税関係が生じないものと想定されてきた。すなわち、上記③において、役職員が受益者に指定されることで、実質的には当該役職員が経済的な利益を享受することになるが、受託法人において信託設定時に代替的に法人税等が課されているため、受益者においては、信託財産に属する資産及び負債をその直前の帳簿価額で引き継いだものとされ（所法67の３①）、かつ、その引継ぎにより生じた収益の額は総収入金額に算入しないものとして取り扱われることになる(同条②)。一方、受託法人においては、信託財産をその直前の帳簿価額で引き継いだものとして各事業年度の所得の金額が計算されるため、譲渡損益が生じないこととされる（法法64の３②)。したがって、受益者指定によって受益者が存する信託になった場合、受託法人及び受益者のいずれにおいても課税は生じないことになる。

また、上記⑤においても、役職員が権利行使するのは有償ストックオプションであることから、権利行使時に役職員に所得は生じず、課税は生じないものと解されていた(68)（所令109①一)。

これに対し、本Q&A問３では、まず受益者指定により役職員が受益者と

---

(68) 実際に、本Q&A問２において、有償ストックオプションの行使時の経済的利益については、所得税法上、認識しないと説明されている。

なることによる経済的利益については課税関係が生じないこととしている一方で、役職員がストックオプションを行使して発行会社の株式を取得した際の経済的利益について給与所得になると整理している。国税庁は、給与所得とする根拠として「実質的には、発行会社が役職員にストックオプションを付与していること、役職員に金銭等の負担がないこと」を理由としており、その根拠条文として所得税法施行令84条３項をあげている。この課税関係の整理については様々な意見があるあるものの、本Q&Aの公表をもって、従前の信託型ストックオプションのスキームを新たに導入することは困難な状況になったといえる。

国税庁は、すでに導入済みのスタートアップ企業の救済策として、本Q&A問12において信託型ストックオプションを税制適格ストックオプションに転換する余地があることを示した。すなわち、すでに導入済みの信託型ストックオプションについて、税制適格ストックオプションと同様の要件を満たせば､税制適格ストックオプションとして取り扱うこととしたのである。

他方、すでに信託型ストックオプションを権利行使している場合には、本Q&Aでも救済策は示されておらず、権利行使に係る給与所得について、発行会社に源泉徴収漏れが生じていることになる。源泉所得税はストックオプションの行使者が負担すべきものであり、仮に発行会社が当該行使者に求償しないと判断した場合には、その求償しないこととなった源泉所得税相当額について、債務免除に係る経済的利益を与えたものとして給与所得等が発生するため、発行会社は源泉所得税をグロスアップ計算する必要がある。上場後にストックオプションが権利行使されている場合には、源泉所得税額が多額となる可能性もあるため、本Q&Aが公表された税務上の影響は非常に大きいものと思われる。

第2部
スタートアップ企業における新株予約権等の取引

第3章
譲渡予約権

国税庁が、本Q&Aによって、これまで信託型ストックオプションの導入の理由となってきた税務上の取扱いは大きな影響を受けることになったため、その対応が検討されている状況である（「コラム　信託型ストックオプション」参照）。そこで、改めて脚光を浴びると考えられるのが、譲渡予約権を用いたインセンティブの仕組みである。以下では、譲渡予約権を用いたインセンティブの仕組みの概要、税務上のポイント及び導入にあたっての注意事項を概説する(69)。

---

(69) 譲渡予約権については、大石篤史＝石橋誠之＝間所光洋＝髙橋悠「有償で付与される譲渡予約権およびストック・オプションの法務・税務上の留意点」商事法務2288号（令和4年）30頁も参照されたい。

譲渡予約権とは何か　01

1　譲渡予約権の概要

(1)　譲渡予約権とは

譲渡予約権とは、発行会社の大株主である一方の当事者（本書では個人を想定し、以下「付与者」という）が、当該発行会社の役職員等の他方の当事者（本書では個人を想定し、以下「譲渡予約権者」という）に対して付与する契約上の権利であって、付与者が所有する当該発行会社の株式について、譲渡予約権者の意思表示により、譲渡予約権者を買主、付与者を売主とする売買を成立させることができるものをいう。

譲渡予約権は、付与者と譲渡予約権者との間の契約に基づき付与される。そのため、一般的なストックオプションと異なり、会社法上の新株予約権が発行されることはないし、発行会社が譲渡予約権者と契約を締結する当事者となることも予定されていない。

(2)　譲渡予約権がインセンティブとして用いられること

譲渡予約権者は、譲渡予約権の行使時に一定の行使価額を支払って発行会社の株式を取得することになるところ、発行会社の株式の時価が増加したときに譲渡予約権を行使し、取得した発行会社の株式を譲渡すれば、それによって当該株式の譲渡対価（＝時価）と行使価額の差額に相当する金銭を得られることになる（譲渡予約権者は譲渡予約権の付与を受けるにあたり付与者に対してオプション料を支払うことが一般的であるため、当該差額からオプション料を控除した額がトータルの金銭的なリターンとなる）。したがって、一般的なストックオプションと同様、譲渡予約権者は発行会社の株式の時価を増加させるようインセンティブ付けられることとなる。

譲渡予約権には、特に有償ストックオプションと同様、一定の業績の達成を譲渡予約権の行使の条件とする業績達成条件などの行使条件や、発行会社の株式の終値が一定額を下回った場合に譲渡予約権の行使を強制するいわゆる強制行使条件が付される。これらの条件は、それ自体が譲渡予約権者に対するインセンティブ付けの方向性を具体化する機能を有する。また、これらの条件が付される結果、譲渡予約権の付与を受けるにあたり譲渡予約権者が付与者に対して支払うオプション料が比較的低額に押さえられることとなる。

譲渡予約権を用いたインセンティブの仕組みは、上場会社・非上場会社を問わずに導入することができるものであるが(70)、非上場会社の中でも、株式の時価を増加させていく圧力にさらされ、また、創業者等が一定規模の株式を保有していることが多いスタートアップ企業は、譲渡予約権を用いたインセンティブの仕組みとの相性がよいと言えるだろう。

2　譲渡予約権の利用状況

上場会社について、まだ数は多くないものの、上場会社の取締役である主要株主が、当該会社の役職員に対して、当該会社の株式に関する譲渡予約権を付与する事例が近年になって複数公表されている(71)。

一方で、非上場会社における譲渡予約権の利用状況は必ずしも明らかではない。上記のとおり、譲渡予約権の付与は付与者と譲渡予約権者の間の相対での契約の締結として行われるため、関係者が自発的に公表等しない限り、

---

(70)　実際に上場会社における導入事例が複数公表されていることについて、下記2参照。

(71)　なお、譲渡予約権の付与と信託の設定を組み合わせた方法が採用された事例も公表されている（株式会社PKSHA Technologyの令和2年6月22日付公表「当社役員保有株式を用いたインセンティブプラン導入に関するお知らせ」、株式会社ユーザベースの令和3年2月16日付公表「当社役員保有株式を用いたインセンティブプラン導入に関するお知らせ」、株式会社ZUUの令和4年7月20日付公表「当社代表取締役の保有株式を用いたインセンティブプラン導入に関するお知らせ」等。なお、株式会社PKSHA Technologyの公表に係るインセンティブプランにおけるオプション権は、令和4年5月20日付で信託会社に承継されている旨が開示されている）。

譲渡予約権が付与された事実がその時点で公開されることはないからである(72)。筆者らの経験上も、ストックオプションなどのインセンティブプランと比較して、譲渡予約権を用いたインセンティブの仕組みが普及しているとは言い難い。しかしながら、これまで通りの利用が難しくなったと考えられる信託型ストックオプションの代替案として譲渡予約権を利用することは、十分に検討に値する。

下記02では、付与者も譲渡予約権者も個人であるような場面を想定して、譲渡予約権に関する税務上のポイントを解説する(73)。

---

(72) 会社法上の新株予約権という形式をとるストックオプションと異なり、譲渡予約権の内容が会社の登記情報に記載されることはない。なお、付与者から譲渡予約権者に対する譲渡予約権の付与がなされている非上場会社が上場した事例も存在しないようである。

(73) なお、譲渡予約権を、インセンティブとしてではなく、非上場会社の事業承継の局面で活用することも可能であると考えられる。例えば、創業者が譲渡予約権の付与者、相続人を譲渡予約権者として、まだ会社の株式の時価が低いうちに譲渡予約権を設定しておいて、将来的に会社が成長してその時価が上昇した後で、譲渡予約権者が譲渡予約権を行使する、というようなシナリオが考えられる。

税務上のポイント 02

譲渡予約権は、①付与者による譲渡予約権者に対する譲渡予約権の付与(法形式としては、契約の締結とオプション料の交付・受領として行われる)、②譲渡予約権者による譲渡予約権の行使による譲渡予約権の対象となる株式の付与者から譲渡予約権者に対する譲渡、③譲渡予約権の行使により取得した株式の譲渡予約権者による第三者に対する譲渡、という段階を経ることが想定される。また、業績達成条件が達成できなかった等の理由で、④譲渡予約権がその行使前に放棄等により消滅することもあり得る。以下では、上記①から④の各局面における当事者の課税関係を検討する。

①　譲渡予約権の付与時 　(④譲渡予約権の放棄) ②　譲渡予約権の行使時 ③　譲渡予約権の行使により取得された株式の譲渡

なお、譲渡予約権については、これまで利用事例の蓄積がなく、課税関係に関する見解が定まっているとは言い難い状況であり、実際の導入にあたっては慎重な検討が必要であることに注意が必要である。

1　譲渡予約権の付与時

(1)　付与者の課税関係

付与者と譲渡予約権者が譲渡予約権の付与に係る契約を締結し、付与者がオプション料を受領した場合、当該オプション料が付与者から譲渡予約権者に対して返還されることは、原則として想定されていない。しかしながら、当該譲渡予約権の付与の時点で、付与者は、譲渡予約権が行使された時に当該譲渡予約権の対象である株式を譲渡予約権者に対して引き渡す義務を負い、かかる義務は譲渡予約権が行使又は放棄等される時まで存続し、その時まで、付与者がオプション料を受領したことによる損益は確定しない。

したがって、譲渡予約権の付与時において、付与者が譲渡予約権者から受領したオプション料に相当する所得を認識することはなく、付与者において特段の課税は生じないと考えられる(74)。

(2) 譲渡予約権者の課税関係

オプション料が適正に算定されたものである限り、譲渡予約権者は、付与者に対して適正な対価を支払い、譲渡予約権を取得したことになる。そのため、譲渡予約権者においても、譲渡予約権の取得の時点において、特段の課税は生じない。

2 譲渡予約権の行使時

(1) 付与者の課税関係

譲渡予約権者が譲渡予約権を行使した場合、付与者は、譲渡予約権の付与に係る契約の条項にしたがって、当該譲渡予約権の対象である株式を、譲渡予約権者に譲渡することになる。この場合、当該株式の譲渡対価と取得価額の差額は、株式等に係る譲渡所得として分離課税の対象となる。

では、譲渡予約権の行使により譲渡された株式の譲渡対価は、譲渡予約権の行使時における当該株式の時価と、当初支払われたオプション料と譲渡予約権の行使価額の合計額のいずれと考えるべきであろうか。これらの金額は通常は一致せず、会社が順調に成長していれば、前者（時価）が後者（オプション料と行使価額の合計額）を上回る場合が多いと考えられるが、付与者において認識される譲渡対価の額は、その時点における株式の時価ではなく、付与者が実際に支払を受けた行使価額とオプション料の合計額となると考えられる(75)。

---

(74) より詳細な分析については、大石ほか・前掲注(157)を参照されたい。下記02について同様。

⑵　譲渡予約権者の課税関係

❶　所得課税について

所得税に関する通達によれば、上場株式等に係るコールオプションの買方が当該オプションの権利の行使により上場株式等を取得した場合、当該上場株式等の取得価額は、（当該取得時点の上場株式等の時価ではなく、）当該オプションの権利の行使により支出した金額及び一連の取引に関連して支出した委託手数料[76]の合計額に支払オプション料を加算した金額とされている（措基通37の11－10⑴）。譲渡予約権の性質は、コールオプションに類似しているため、この考え方を譲渡予約権に適用すれば、譲渡予約権者が譲渡予約権の行使により取得した株式の取得価額は、譲渡予約権の行使価額と当初支払われたオプション料の合計額となる（なお、通達は、上場株式等に関するものであるが、譲渡予約権の行使時に譲渡予約権の対象となる株式が非上場株式であったとしても、取扱いを異にする理由はないように思われる）。

> （金融商品取引法第28条第８項第３号ハに掲げる取引による権利の行使又は義務の履行により取得した上場株式等の取得価額）
> 37の11－10　金融商品取引法第28条第８項第３号ハに掲げる取引による権利の行使又は義務の履行により取得した上場株式等の取得価額は、次の区分ごとにそれぞれに掲げるところによる。

⑺5　結果として行使価額とオプション料の合計額が株式の時価よりも著しく低い価額となったとしても、個人間における資産の譲渡に対して、所法59条１項２号（いわゆるみなし譲渡）の規定は適用されない。一方で、当初支払われたオプション料と譲渡予約権の行使価額の合計額が権利行使時における株式の時価の２分の１未満であり、かつ、当該合計額を対価とする株式の譲渡によって付与者において当該株式の譲渡に係る譲渡損失が生じるときは、当該譲渡損失の税務上の取扱いについて、譲渡損失の引継ぎを定める所法59条２項・60条１項２号の適用関係が問題となる。もっとも、この問題が生じるのは、株式の取得価額を下回るようなオプション料と行使価額の合計額が設定されていた場合に限られる。

⑺6　当該委託手数料に係る消費税及び地方消費税を含む。

(1) いわゆるコールオプションの買方が当該オプションの権利の行使により取得をした場合 当該オプションの権利の行使により支出した金額及び一連の取引に関連して支出した委託手数料（当該委託手数料に係る消費税及び地方消費税を含む。）の合計額に支払オプション料を加算した金額 (2) 略

上記取扱いを踏まえると、譲渡予約権者が譲渡予約権を行使し株式を取得した時点において、譲渡予約権者において所得は生じず、所得課税を受けることはないと考えられる。

❷ みなし贈与課税について

所得課税よりも慎重な検討を求められるのが、みなし贈与課税（相法７）に関する論点である。

相続税法７条は、ある個人が他の個人から著しく低い価額の対価で財産の譲渡を受けた場合、当該財産の譲渡を受けた個人が、当該対価と譲渡があった時における当該財産の時価との差額に相当する金額を、贈与により取得したものとみなして贈与税を課す旨を定めている（みなし贈与課税）。

譲渡予約権者が譲渡予約権を行使して付与者から株式の譲渡を受けた時、みなし贈与課税を定める相続税法７条は適用されるだろうか。もし適用されるとすると、譲渡予約権者が支払った行使価額とオプション料の合計額が著しく低い対価(77)である場合には、かかる合計額と譲渡予約権の行使により譲渡された株式のその時点における時価の差額に相当する金額が、付与者から譲渡予約権者に対して贈与がされたものと取り扱われることとなる。

この点、相続税法７条は、経済的利益が「無償」で移転する機会に贈与税を課すものと考えられる。しかしながら、譲渡予約権の行使により譲渡予約

(77) 「著しく低い価額の対価」とは、必ずしも譲渡された財産の時価の２分の１を下回る必要はないとされている（横浜地判昭和57年７月28日訟月29巻２号321号）。

権者において生じる上記差額相当の経済的利益は、適正なオプション料を対価として支払ったからこそ得られるのであって、当該差額に相当する経済的利益の移転は「無償」で行われておらず、そうであれば、みなし贈与課税の適用の前提を欠くように思われる。もっとも、この点については必ずしも確立した見解があるものではなく、実際に譲渡予約権を用いたインセンティブの仕組みを導入するに際しては、税務当局との事前の調整を含め、慎重な検討が必要となろう。

(3) 小括

上記(1)及び(2)を踏まえると、譲渡予約権とは要するに、予め定めたオプション料と行使価額を超える行使時までの株式の時価の増加分に相当する価値を、行使時における当該株式の時価と無関係に、付与者から譲渡予約権者に移転することができる仕組みである、ということができ、かつ、譲渡予約権者において、権利行使時における課税を繰り延べることができる可能性がある。

3 新株予約権行使に係る株式の譲渡時

(1) 付与者の課税関係

譲渡予約権者が譲渡予約権の行使により取得した株式を譲渡した時点において、付与者は譲渡予約権者による株式の譲渡とは何ら関係を有していないため、付与者においては何らの課税関係も生じない。

(2) 譲渡予約権者の課税関係

譲渡予約権者が譲渡予約権の行使により取得した株式を譲渡した場合、譲渡予約権者においては、当該株式の譲渡価額と取得価額の差額について、株式等に係る譲渡所得として分離課税を受けることとなる（一般株式等について措法37の10、上場株式等について措法37の11）。

この場合における譲渡予約権者の取得価額は、上記２(2)❶のとおり、譲渡予約権の行使価額と当初支払われたオプション料の合計額となろう（上場株式等について、措基通37の11－10(1)）。

４　譲渡予約権の放棄時

(1)　付与者の課税関係

付与者は、譲渡予約権者から受領済みのオプション料を確定的に収受したことになるから、当該オプション料相当額を所得として認識することとなる。その所得分類については、配当所得から一時所得のいずれにも該当しないため、原則として、雑所得とされるように思われる。

(2)　譲渡予約権者の課税関係

譲渡予約権者は、譲渡予約権の消滅によりオプション料相当額の損失を被ることになる。当該損失は雑所得の損失に該当することとなるように思われる(78)。

---

(78)　そのため、当該損失については、他の雑所得の金額を限度としてのみ、必要経費に算入することができると考えられる（所法51④）。

その他の注意事項　03

本項（03）では、譲渡予約権を用いたインセンティブの仕組みを導入する場合の税務以外の注意事項を解説する。

1　金商法上の注意点

譲渡予約権を導入する際には、課税上の取扱いのみならず、金商法上の各種規制に関する検討も必要となる(79)。

(1)　業規制

金商法上、金融商品取引業（金商法２⑧）のうち、店頭デリバティブ取引（金商法２㉒）を業として行う場合、第一種金融商品取引業として（金商法28①二)、登録を受けることが必要となる（金商法29)。

かかる店頭デリバティブ取引には、「金融商品市場及び外国金融商品市場によらないで行う」「当事者の一方の意思表示により当事者間において金融商品（注：有価証券を含む）の売買を成立させることができる権利を相手方が当事者の一方に付与し、当事者の一方がこれに対して対価を支払うことを約する取引又はこれに類似する取引」が含まれる（金商法２㉒三)。

上記のとおり、譲渡予約権とは、一方の当事者である付与者が所有する当該発行会社の株式について、他方の当事者である譲渡予約権者の意思表示により売買を成立させることができる権利である。このような譲渡予約権を付与する取引は、上記店頭デリバティブ取引に該当し、付与者が「業として」(80)譲渡予約権の付与を行う場合、第一種金融商品取引業に該当する可能性が高い(81)。

金商法上、株式会社（取締役会及び監査役、監査等委員会又は指名委員会等を置くものに限る）等でなければ第一種金融商品取引業の登録を受けるこ

---

(79)　なお、本稿においては、譲渡予約権の付与時において、譲渡予約権の対象となる会社の株式が上場されていないことを前提としている。

とはできないため（金商法29の４①五イ）、個人である付与者はそもそも第一種金融商品取引業登録を受けることができない(82)。そのため、譲渡予約権の付与は「業として」に該当しない範囲で行う必要がある。

(2) 売出し規制

譲渡予約権は、「金融商品市場によらないで行う金商法２条22項３号に掲げる取引に係る権利」（金商法２①十九）に該当する。当該「金融商品市場によらないで行う金商法２条22項３号に掲げる取引に係る権利」については、かかる権利を表示する券面が発行されていない場合、金商法上の「有価証券」に含まれない(83)。そのため、付与者が券面不発行の譲渡予約権を譲渡予約権者に付与する場合、譲渡予約権自体については、「有価証券」の取得勧誘・売付け勧誘等がない以上、募集・売出し規制も適用されないこととなる。

---

(80) 「業として」の判断については、一般に、「対公衆性」のある行為で「反復継続性」をもって行うものをいうと解されており、「対公衆性」や「反復継続性」については、現実に「対公衆性」のある行為が反復継続して行われている場合のみならず、「対公衆性」や「反復継続性」が想定されている場合も含まれると考えられている（金融庁公表に係る平成19年７月31日付「コメントの概要及びコメントに対する金融庁の考え方」35頁No.３）。個々の譲渡予約権の付与が「業として」の要件に該当するか否かは、具体的な事実関係を前提とした検討が必要である。

(81) 譲渡予約権者が「業として」譲渡予約権の付与を受ける場合も、同様に、第一種金融商品取引業に該当する可能性が高いこととなるが、発行会社の役職員等が譲渡予約権の付与を一度きり受けるようなケースにおいては、譲渡予約権者が「業として」譲渡予約権の付与を受けたと評価されることは考えにくい。

(82) 仮に創業株主が株式会社である資産管理会社等を通じて株式を保有しており、当該資産管理会社等が譲渡予約権の付与者となる場合であって、当該資産管理会社等において第一種金融商品取引業の登録を受け得たとしても、譲渡予約権を付与するためだけに第一種金融商品取引業の登録を受けることは現実的ではないだろう。

(83) 現時点においては、金商法２条１項19号に該当する有価証券について券面が発行されない場合に関する「内閣府令」（金商法２②）が定められていないため。中村聡ほか『金融商品取引法－資本市場と開示編』（商事法務、第３版、2015年）43頁。

一方で、譲渡予約権の対象となる株式自体に着目し、譲渡予約権の付与に際して、譲渡予約権の対象となる株式に関する「売付け勧誘等」が行われ、譲渡予約権の付与が売出し規制の対象となるという考え方も成り立ち得るところであって、この点について確たる見解は存在しない。

いずれにせよ、仮に譲渡予約権の付与に売出し規制が及び得るとしても、譲渡予約権の対象となる株式の発行会社が上場株式を発行していない場合には、少人数私売出しに該当する形(84)で譲渡予約権の付与を行うことで、売出し規制の適用を回避することは多くの場合可能であろう。

(3) インサイダー取引規制・公開買付け規制

譲渡予約権の付与時において、譲渡予約権の対象となる株式が上場株式でない場合には、インサイダー取引規制や公開買付け規制は問題とならない。

では、譲渡予約権の対象となる株式の上場後に譲渡予約権が行使された場合はどうか。まず、インサイダー取引規制に関して、金商法上は、オプションの行使により特定有価証券等に係る売買等をする場合、インサイダー取引規制の適用が除外される（金商法166⑥二の２・167⑤二の二）。そのため、いわゆるクロクロ取引の適用除外（金商法166⑥七）に依拠せずとも、譲渡予約権の行使による株式の譲渡にインサイダー取引規制が及ぶことはないと思われる(85)。

一方で、公開買付け規制に関しては、インサイダー取引の場合とは異なり、予約完結権やコールオプションの行使による株券等の取得であっても、公開買付けを要する「買付け等」に該当し得ると考えられている(86)。そのため、譲渡予約権の行使により、行使直後の時点で譲渡予約権者（及びその特別関

---

(84) 売付け勧誘等が１か月以内の延べ人数で多数の者（50人以上）を相手方にしておらず（金商法２④二ハ、金商令１の８の３）、かつ、上場株式を発行していない等当該有価証券が多数の者に所有されるおそれが少ないものとして金商法施行令１条の８の４に定める要件に該当する場合。

(85) もちろん、譲渡予約権者が譲渡予約権の行使により取得した株式を譲渡する場合には、別途、インサイダー取引規制が及び得る。

係者(87))の株券等所有割合が３分の１を超える場合（行使前から３分の１を超えている場合を含む)、原則として公開買付けが強制されることは、特に注意を要する（金商法27の２)。

2　実務上の注意点

(1)　譲渡承認の要否

譲渡予約権の付与に係る契約の締結時に譲渡予約権の対象となる株式が譲渡制限株式である場合、譲渡予約権の付与自体が、対象となる株式の譲渡にあたるとして、譲渡承認の手続（会社法136以下）を要するか、一応問題となる。

この点については、会社にとって好ましくないものが株主となることを防止することで譲渡人以外の株主の利益を保護するという譲渡制限株式制度の趣旨に照らせば、譲渡予約権者が譲渡予約権を行使して譲渡制限株式を取得する時に譲渡承認を要求すれば十分であり、譲渡予約権の付与時には、譲渡承認の手続は要しないと解することも合理的であるように思われる。

(2)　譲渡予約権の対象となる株式の確保

付与者は、譲渡予約権の付与に係る契約において、一定の条件が満たされることを前提として、譲渡予約権の対象となる株式を譲渡予約権者に対して交付する債務を負担することになる。そのため、付与者が保有する株式のうち譲渡予約権の対象となる部分に相当する株式については、付与者において

---

(86)　鈴木克昌ほか『金融商品取引法―公開買付制度と大量保有報告制度』（商事法務、平成29年）26頁、長島・大野・常松法律事務所編『公開買付けの理論と実務〔第３版〕』（商事法務、平成28年）26頁。

(87)　特に、付与者が譲渡予約権者にとって特別関係者（金商法27条の２⑦。もっとも、譲渡予約権の行使により株式を取得する日以前１年間継続して付与者が譲渡予約権者の形式的特別関係者であった場合は適用除外買付け等に該当し、公開買付けは強制されない。金商法27条の２①・他社株買付府令３条）に該当するような場合に注意が必要である。

確保しておかなければならない。

例えば、付与者が資産管理会社を組成し、同社に自己の保有する株式を移転しようとすることも珍しくないが、譲渡予約権を付与している場合には、当該譲渡予約権を行使された際に譲渡する株式を手元に残しておく必要があるため、その所有株式のどこまで移転してよいか、前もって慎重な検討を要する。

(3) M&AにおけるExit

上記のとおり、付与者は、譲渡予約権の付与後に譲渡予約権の対象となる株式を確保しておく必要があるものの、M&AにおけるExitの局面では、付与者たる創業者が自らの保有する全株式を第三者に対して譲渡するよう求められる局面があり得るため、譲渡予約権の付与に係る契約においては、かかる場合に備えた規定を設ける必要がある。

例えば、M&Aに際して譲渡予約権を行使可能とし、譲渡予約権者も株主価値の増大について分配を受けられるようすること、あるいは、譲渡予約権の存在がExitの妨げとならないように、そもそもM&Aに際して譲渡予約権を失効させるようにすることが考えられよう。

■編著者プロフィール

小山　浩

弁護士法人森・濱田松本法律事務所　高松オフィス代表パートナー

【主な経歴等】

2001年　早稲田大学法学部卒業、2003年　早稲田大学法学研究科修了、2006年　中央大学法科大学院修了、2007年　弁護士登録、2014年　米国ミシガン大学ロースクール修了（LL.M., International Tax）。

東京国税局調査第一部調査審理課にて国際調査審理官として勤務（2016年〜2018年）。

【主な著作】

『税務・法務を統合したM&A戦略』（中央経済社2022年）、『事業承継型M&Aの法務・税務戦略』（中央経済社2021年）、『ウェルス・マネジメントの法務・税務』（税務経理協会2020年）、『「取引」の実態からみる税務調査のポイントQ&A』（第一法規 2018年）ほか。

間所　光洋

森・濱田松本法律事務所　パートナー

【主な経歴等】

2001年　成蹊大学法学部卒業、2011年　税理士登録。

【主な著作】

『一族内紛争を予防･解決するファミリーガバナンスの法務･税務』（共著、中央経済社、2023年）『設例で学ぶ オーナー系企業の事業承継・M&Aにおける法務と税務（第２版）』（共著、商事法務、2022年）、『ウェルス・マネジメントの法務・税務』（共著、税務経理協会、2020年）、『変わる事業承継』（共著、日本経済新聞出版社、2019年）ほか。

立石　光宏

弁護士法人森・濱田松本法律事務所　札幌オフィス代表パートナー

【主な経歴等】

2008年　早稲田大学法学部卒業、2011年　早稲田大学法科大学院修了、2012年　弁護士登録

【主な著書】

『M&A法大系［第２版］』（有斐閣 2022年、共著）、『平成26年改正会社法－改正の経緯とポイント［規則対応補訂版］』（有斐閣 2015年、共著）、「改正会社法の影響と実務対応〈下〉【組織再編】編」（旬刊経理情報No.1389、2014年、共著）ほか。

■執筆者プロフィール

高橋　悠

森・濱田松本法律事務所　パートナー

【主な経歴等】

2009年　東京大学法学部卒業、2011年　東京大学法科大学院修了、2012年　弁護士登録、2020年　スタンフォード大学ロースクール修了、Shearman & Sterling外国法事務弁護士事務所（ニューヨークオフィス）にて執務（2020年～2021年）、2021年　ニューヨーク州弁護士登録。

【主な著作】

『有償で付与される譲渡予約権およびストック・オプションの法務・税務上の留意点　―株式報酬等に代わる新たな仕組み・令和元年会社法改正も踏まえて―』（旬刊商事法務 No.2288、2022年、共著）、『税務・法務を統合したM&A戦略［第３版］』（中央経済社 2022年、共著）、「MBOにおける特別委員会の検証と設計（上）（下）」（金融・商事判例 No.1424－1425、2013年、共著）等。

末長　祐

弁護士法人森・濱田松本法律事務所　名古屋オフィス　法人シニアアソシエイト

【主な経歴等】

2010年　早稲田大学法学部卒業、2012年　東京大学法科大学院修了、2015年　弁護士登録。東京大学法科大学院未修者指導講師（2018年〜2021年）。

【主な著作】

『新アプリ法務ハンドブック』（日本加除出版 2022年 共著）、『Q&A医療法人を取り巻くリスクとコンプライアンス―ガバナンス強化と法務・税務・会計・労務』（大蔵財務協会 2016年 共著）ほか。

山岡　孝太

弁護士法人森・濱田松本法律事務所　名古屋オフィス　法人アソシエイト

【主な経歴等】

2016年　中央大学法学部法律学科卒業、2019年　東京大学法科大学院中退、2018年　弁護士登録。

【主な著作】

『2021・2022年版　年間労働判例命令要旨集』（労務行政 2021〜2022年 共著）、『機関投資家に聞く』（商事法務 2022年 共著）、「The Employment Law Review 13th Edition - Japan Chapter」（Law Business Research 2022年 共著）、『雇用調整の基本 人件費カット・人員削減を適正に行うには』（労務行政 2021年 共著）、『機関投資家の議決権行使方針及び結果の分析〔2019年版〕・〔2020年版〕』（商事法務 2019〜2020年 共著）ほか。

索　引

〔あ〕

〔か〕

〔さ〕

非上場株式取引の法務・税務
［スタートアップの資金調達編］

2024年4月1日　初版発行

編 著 者　小山浩・間所光洋・立石光宏
著　　者　髙橋悠・末長祐・山岡孝太
発 行 者　大坪克行
発 行 所　株式会社 税務経理協会
〒161-0033東京都新宿区下落合1丁目1番3号
http://www.zeikei.co.jp
03-6304-0505
印　　刷　株式会社技秀堂
製　　本　牧製本印刷株式会社
デザイン　株式会社グラフィックウェイヴ
編　　集　吉冨智子

本書についての
ご意見・ご感想はコチラ

http://www.zeikei.co.jp/contact/

ISBN 978-4-419-06942-1　C3034